Autor _ MALATESTA
Título _ ENTRE CAMPONESES

Copyright _	Hedra 2009
Tradução© _	Plínio Augusto Coêlho
Título original _	Fra Contadini
Dados _	

Dados Internacionais de Catalogação na Publicação (CIP)

M196 Malatesta, Errico (1853–1932)

Entre camponeses. / Errico Malatesta.
Tradução e organização de Plínio Augusto
(Estudos Libertários). 120 p.

ISBN 978-85-7715-132-5

1. Direito de Propriedade. I. Título. II. Série.
III. AIT. IV. Em período eleitoral. V. Coêlho,
Plínio Augusto, Tradutor.

CDU 329
CDD 320.5

Elaborado por Wanda Lucia Schmidt CRB-8-1922

Direitos reservados em língua
portuguesa somente para o Brasil

EDITORA HEDRA LTDA.

Endereço _	R. Fradique Coutinho, 1139 (subsolo) 05416-011 São Paulo SP Brasil
Telefone/Fax _	+55 11 3097 8304
E-mail _	editora@hedra.com.br
Site _	www.hedra.com.br

Foi feito o depósito legal.

Autor _ MALATESTA
Título _ ENTRE CAMPONESES
Organização e tradução _ PLÍNIO AGUSTO COÊLHO
Introdução _ ALEXANDRE SAMIS
Séria _ ESTUDOS LIBERTÁRIOS
São Paulo _ 2015

Errico Malatesta (Sta. Maria Capua Vetere, Itália, 1853–Roma, 1932) foi um dos mais ativos e influentes anarquistas. Ainda adolescente, participou da Primeira Internacional em 1871. Orador e propagandista eloqüente, logo se tornou um dos líderes do movimento anarquista, ajudando a organizar grupos revolucionários na Itália, Espanha, Romênia, Egito, nos EUA e na América do Sul. Ativista incansável, passou 10 anos preso, foi sentenciado à morte três vezes, e amargou um exílio de cerca de 35 anos em vários países. Escritor prolífico, fundou e dirigiu vários periódicos de orientação anarquista: *La Révolte* (co-editado com Kropotkin), *La Questione Sociale*, *L'Associazione*, *Pensiero e Volontà* e *Umanità Nova*. Para Malatesta, a estratégia fundamental consistia na organização dos trabalhadores e revolucionários como a melhor via para alcançar os objetivos do programa anarquista. Não acreditava na eficácia dos partidos políticos nem na revolução política, convencido de que apenas uma revolução social, liderada pelo povo, constituiria um meio viável de transformação da sociedade. Banido da França, Bélgica e Suíça, países onde teve papel crucial na conscientização dos trabalhadores, viveu seus últimos anos em prisão domiciliar sob o regime fascista italiano. Com a saúde irreversivelmente abalada pelos constantes deslocamentos, prisões e maus tratos, morreu em decorrência de uma pneumonia em 1932.

Entre camponeses reúne dois importantes textos do autor, publicados originalmente em um período em que anarquistas rompem com outros grupos socialistas por discordarem da eficácia da participação na vida parlamentar através de partidos políticos, e procuram formular estratégias coerentes com uma ação federalista, comuns a duas tendências anarquistas: comunistas e coletivistas. *Entre camponeses* (1883), obra didática destinada ao trabalhador rural como agente legítimo da revolução, trata dos principais fundamentos que deveriam capacitar os revolucionários do campo em sua luta local, e portanto federativa. *Período eleitoral* (1897), por outro lado, discorre sobre os aspectos da tática abstencionista dos libertários, e contra a participação parlamentar, partidária e representativa proposta pela social-democracia.

Plínio Augusto Coêlho fundou em 1984 a Novos Tempos Editora, em Brasília, dedicada à publicação de obras libertárias. Em 1989, transfere-se para São Paulo, onde cria a editora Imaginário, mantendo a mesma linha de publicações. É idealizador e co-fundador do IEL (Instituto de Estudos Libertários).

Alexandre Samis é doutor em História pela Universidade Federal Fluminense (UFF) e professor do Colégio Pedro II. Membro do Instituto de Estudos Libertários, é autor dos livros *Clevelândia: anarquismo, sindicalismo e repressão política no Brasil* (Imaginário/Achiamé, 2002) e *Minha pátria é o mundo inteiro: Neno Vasco, o anarquismo e o sindicalismo revolucionário em dois mundos* (Letra Livre, 2009).

Série Estudos Libertários: as obras reunidas nesta série, em sua maioria inéditas em língua portuguesa, foram escritas pelos expoentes da corrente libertária do socialismo. Importante base teórica para a interpretação das grandes lutas sociais travadas desde a segunda metade do século XIX, explicitam a evolução da idéia e da experimentação libertárias nos campos político, social e econômico, à luz dos princípios federalista e autogestionário.

SUMÁRIO

Introdução, por Alexandre Samis 9

ENTRE CAMPONESES   **35**
Entre camponeses 37

APÊNDICE   **93**
Em período eleitoral 95

INTRODUÇÃO

> [...] e assim fui para a Suíça com Cafiero. Encontrava-me enfermo, cuspia sangue e tinha em mente a idéia de que estava tuberculoso... Enquanto atravessava à noite o Gotardo [naquela época ainda não havia o túnel, sendo necessário atravessar a montanha coberta de neve em diligência] resfriei-me e cheguei à casa de Zurique, onde vivia Bakunin, tiritando de febre. Depois das primeiras saudações, Bakunin preparou-me uma cama e me convidou — ou melhor, forçou-me — a deitar-me, cobriu-me com todos os cobertores que pôde encontrar e insistiu para que eu descansasse e dormisse. Tudo isso com um cuidado e uma ternura maternal que me chegaram diretos ao coração. Quando me encontrava envolto nos cobertores e todos pensavam que eu dormia, ouvi Bakunin dizer coisas admiráveis sobre mim e comentava melancolicamente: 'É uma pena que tenha ficado tão enfermo, em breve o perderemos; não lhe restam sequer seis meses!
>
> ERRICO MALATESTA, 1926

Bem recordava o autor, por ocasião do cinqüentenário da morte de Mikhail Bakunin, o seu primeiro encontro com o homem que havia influenciado um sem-número de jovens italianos de sua geração. Já naquela época a saúde do recém-chegado Malatesta à Federação Italiana da Associação Internacional dos Trabalhadores não podia ser considerada estável. Seu médico, ainda em sua adolescência, tinha as previsões mais funestas para uma vida, segundo o prognóstico, breve e cheia de sofrimento.

Errico Malatesta, antes de se tornar um internacionalista, havia passado pelo republicanismo de Giuseppe Mazzini.

INTRODUÇÃO

Após a Comuna de Paris, identificou-se com as teses dos seguidores de Bakunin na Itália e, no contexto da Conferência de Rimini, que criou a Federação Italiana, em agosto de 1872, assumiu o cargo de secretário da Federação Operária Napolitana, filiada à Federação Italiana da Associação Internacional dos Trabalhadores. Esta entidade tinha o objetivo de articular as demais filiadas, conforme um programa socialista anarquista revolucionário, de caráter público, mas que clandestinamente preparava um movimento insurrecional em toda a península. Antes do ingresso na Federação, ele havia colaborado, entre 1871 e 1872, com os periódicos *Il Motto d'Ordine* e *La Campana*, ambos de Nápoles. E foi mesmo no início de sua atuação entre os internacionalistas italianos que teve lugar seu primeiro encontro com Bakunin. Excepcionalmente ativo, Malatesta saiu da Itália para participar, na companhia de Carlo Cafiero, do Congresso Internacional Socialista de Saint-Imier, em setembro de 1872. O congresso, de importante caráter político e não apenas organizativo, ocorrera após o Congresso de Haia, convocado pelo Conselho Geral da Associação Internacional do Trabalhadores (AIT) que, sob a direção de Marx, havia logrado expulsar os federalistas bakuninistas. Dias antes, Malatesta havia chegado a Zurique e, tomando como referência o relato anterior, encontrou no colega russo não apenas um generoso companheiro, mas também uma figura de incomum magnetismo pessoal. Em Saint-Imier, após as prédicas de Bakunin, ingressou na fraternidade revolucionária criada, anos antes, com o nome de Aliança da Democracia Socialista e que, mais tarde, passaria a se chamar Aliança Socialista Revolucionária.

O jovem aliancista chegava à organização no seu período de maior polarização com os "autoritários", como eram denominados os marxistas. Foi uma época marcada por enfrentamentos. Um deles, interno, que viria a se constituir como *o anarquismo*, resultado do embate com os marxistas. Outro, ainda que animado pelas tênues fagulhas da Comuna de Paris, que buscava estimular insurreições em diversas partes do continente, e ainda um terceiro conflito, que não era desconhecido da maioria dos militantes mas que, após o fracasso da Comuna, deveria chamar a atenção: as novas táticas de repressão praticadas pelos governos europeus.

As inclinações políticas de Malatesta colocaram-no em contato permanente com Bakunin, que passou inclusive a assessorá-lo em diversas tarefas e, como exigia a nova condição, a permanecer por longos períodos com ele em Locarno, na Suíça. De 1874 à morte de Bakunin, em julho de 1876, Malatesta participou da organização de diversos motins em diferentes cidades e regiões italianas (Roma, Massa, Florença, Perúsia, Palermo, Trani e Bolonha) ao lado de Andréa Costa, Carlo Cafiero e do próprio Bakunin, entre outros. E até mesmo Giuseppe Garibaldi teria oferecido seus préstimos às conspirações e levantes, como amigo de Bakunin, a quem Malatesta devotava profunda admiração. Por causa da sua atividade, Malatesta foi preso por mais de uma vez e, muito depressa, passou a ser conhecido das autoridades policiais italianas.

A morte de Bakunin não representou um ponto final ao crescente movimento federalista libertário operário; tampouco estagnou como ideologia. No mesmo ano, em outubro de 1876, foi celebrado em Tosi, povoado da região de Pontassiave, localidade próxima de Florença, um congresso no qual se estabeleceram as bases das teses do comunismo anarquista. Após uma marcha de cerca de nove horas, sob chuva torrencial, os cerca de cinqüenta congressistas se reuniram, ainda que acossados pela polícia. Entre os formuladores do novo corte interpretativo, posto como alternativa circunstancial ao coletivismo de Bakunin, estavam Carlo Cafiero, Andréa Costa, Emilio Covelli e Malatesta. A tese do comunismo anarquista podia ser resumida da seguinte maneira: "de cada um se-

INTRODUÇÃO

gundo as suas possibilidades, a cada um segundo as suas necessidades". O Congresso condenou acerbamente a instituição de qualquer governo, assim como a participação em eleições. Foi proposto que a propaganda anarquista fosse difundida entre camponeses e militares, além de uma preocupação mais específica com a divulgação entre as mulheres.

Além das diretivas para a estratégia revolucionária na Itália, o Congresso determinou que Cafiero e Malatesta deveriam representar os federados italianos no VIII Congresso da AIT, em Berna. No Congresso, que aconteceu ainda no mês de outubro daquele mesmo ano, a participação de Malatesta foi fundamental, defendendo que as organizações deviam combater sem trégua os poderes constituídos pelo capital, e implementar a "revolução permanente", tomando como exemplo as lutas, ações e reações contra a sociedade burguesa. O Congresso de Berna decidiu pela instituição da "propaganda pelo fato", com a organização de insurreições em todas as localidades possíveis. Logo após o evento, Malatesta e Cafiero começaram a preparar ações revolucionárias, formando o "grupo de Benevento", e ao contrário das posições de 1874, apresentavam os levantes como possibilidade, como "propaganda pelo fato", a fim de desencadear por toda a Itália um processo revolucionário. A ação concentrou-se, desse modo, nos campos de Matese, província de Benevento. O *grupo de Benevento*, entretanto, sempre manteve a esperança de uma reação em cadeia, materializada pelos motins, a partir de Matese.

A ação, um tanto precipitada pela repressão dos *carabinieri* (policiais), ocorreu efetivamente em dois lugarejos, Lentino e Gallo, onde, ao desfraldar da bandeira vermelha, queimaram-se documentos de propriedade rural, além de se devolver as ferramentas de trabalho confiscadas pela municipalidade, de se distribuir o dinheiro recolhido por impostos e de se repartir as armas entre a população. O levante de Benevento durou quase duas semanas, após o qual a repressão se abateu sobre os revolucionários. Malatesta foi enviado então à prisão de Santa Maria.

Durante sua reclusão, escreveu artigos e um relatório sobre o sucedido nos dias de Benevento, que foi enviado à Comissão de correspondência de Florença. Cafiero escreveu um resumo de *O Capital*, de Marx, em forma de brochura, e o russo Stepniak, integrante do grupo, redigiu o livro *A Rússia subterrânea*. Foi possível, também, firmar um documento e enviá-lo ao IX Congresso da AIT, ocorrido em Verviers, em setembro de 1877. No ano seguinte, um novo fato beneficiaria o grupo de reclusos. Com a morte de Victor Emanuel II, o ministro Crispi decretou uma anistia política geral que, para valer efetivamente aos insurretos, uma vez que estes haviam ferido mortalmente um *carabiniere*, foi necessária a ação determinada do advogado Francesco Saverio Merlino. Em agosto de 1878, finalmente Malatesta abandona o cárcere.

A liberdade de Malatesta, entretanto, era restrita. A vigilância tornara-se ainda mais rígida, e pairava a possibilidade do *domicilio coatto*, um tipo especial de exílio. Dessa forma, ele decidiu partir para o Egito onde, depois do atentado contra o rei Humberto I, foi deportado para Beirute, e depois embarcado para a Europa, em um navio francês. Por fim em Genebra, passa a colaborar com Piotr Kropotkin, no jornal *Le Révolté*.

No ano de 1881, em Londres, os remanescentes do que havia sido outrora a grande AIT se reuniram. Com o nome de Congresso Internacional Socialista Revolucionário, realizaram o último encontro com as características da AIT e o primeiro congresso anarquista. Nesse colóquio, Malatesta identificou-se mais do que ninguém com a corrente "organizacionista" do anarquismo.

A partir do Congresso de Londres em 1877 – que reinaugurava a fraternidade internacional fundada por Bakunin, em 1864 –, Malatesta se mostrou incansável na tarefa de pros-

INTRODUÇÃO

seguir erigindo a ossatura de uma sólida organização internacional anarquista.

OS ALIANCISTAS, A AIT
E A PROPRIEDADE CAMPONESA

A questão da propriedade sempre foi central para os anarquistas. Desde Pierre-Joseph Proudhon, notadamente após a publicação de suas memórias, *O que é a propriedade?*, em 1840, os anarquistas insistiram na crítica daquilo que era, segundo a maioria deles, o alicerce da sociedade burguesa. Proudhon concluiu, para o escândalo de seu tempo:

A propriedade é o roubo... Que modificação no pensamento humano! Proprietário e ladrão sempre foram expressões contraditórias, tanto quanto os seres que designam são antipáticos; todas as línguas consagram esta antilogia.

Deste primeiro grande trabalho até *Da capacidade política das classes operárias*, publicado postumamente, em 1865, Proudhon cumpriu uma longa e coerente trajetória. Esta última obra pode ser considerada uma resposta ao "Manifesto eleitoral dos sessenta" operários do Sena, entre os quais estava Tolain, um dos fundadores da AIT, em 1864. E se, por um lado, não se tratava de estudo complexo e definitivo, por outro, representou toda uma vida de reflexão, uma clara plataforma política para os operários, obra fundamental para que os federalistas proudhonianos ganhassem certa unidade na nascente Internacional.

Desde o III Congresso da AIT, em Bruxelas, celebrado no ano de 1868, o tema da "propriedade" ganhou vivo interesse junto aos internacionalistas. O Congresso já se pronunciara em favor da propriedade coletiva do solo, mas a questão seria discutida somente no ano seguinte, no IV Congresso, na Basiléia, no qual também mais claramente se opuseram as teses de Marx e Bakunin.

Na segunda questão da pauta, sobre a propriedade fundiária, o IV Congresso declarava que no contexto revolucionário a sociedade tinha o *direito* de abolir a propriedade individual do solo, entregando-a à comunidade, e que ainda era *necessário* fazer também do solo propriedade coletiva. Quanto à maneira como a sociedade deveria organizar a produção agrícola, as opiniões eram diversas. A maioria formada por Becker, Collin. Janasch, Lessner, Lucraft, Rittinghhausen, Sentiñon, Varlin, entre outros, postulava que o solo devia "ser cultivado e explorado pelas comunas solidarizadas". Segundo o aliancista James Guillaume:

[Uma minoria], da qual De Paepe foi a expressão máxima, pensava que "a sociedade deveria conceder a ocupação da terra aos agricultores individuais, ou, de preferência, a associações agrícolas que pagariam o arrendamento à coletividade". Sem admitir, como o fazia De Paepe, que o solo deveria pertencer à coletividade social (e, no entanto, Langlois declarava que "a terra, como ela não é um produto da indústria humana, pertence indistintamente a todos"), os mutualistas Langlois e Murat diziam todavia que, "conquanto concedendo a alguns [indivíduos ou grupos] o direito de cultivar, à exclusão de todos os outros, uma parte do domínio comum, a sociedade não poderia dar-lhes qualquer direito sobre a renda fundiária, e que essa renda pertence à coletividade"; eles se encontravam, pois, praticamente de acordo com De Paepe quanto ao modo de organização da produção agrícola.

Bakunin, ao responder a Tolain sobre a questão, declarou que o indivíduo era um produto da sociedade, e que sem a sociedade o homem não era nada. Quanto à organização da produção agrícola, ele concluiu pela "solidarização das comunas", proposta pela maioria da comissão, ainda mais porque essa solidarização implicava a organização da sociedade "de baixo para cima", enquanto as proposições da minoria supunham um Estado. Bakunin insistia ainda na destruição de todos os Estados nacionais e territoriais, e que, sobre estas ruínas, deveria ser erigido o Estado internacional de milhões de

INTRODUÇÃO

trabalhadores, tarefa esta que cabia à Internacional.[1] As votações sobre este tema confirmaram os ânimos da maioria dos congressistas.

Na terceira questão, a do direito de herança, entretanto, é que se deu a polarização entre Marx e Bakunin. A comissão encarregada de elaborar o relatório sobre a questão do direito de herança, em sua maioria, alinhou-se com Bakunin. O Conselho Geral, onde Marx possuía amplos poderes, havia preparado sobre a questão um minucioso relatório. Após as colocações dos membros da comissão, Brismée apresentou, em nome da comissão, o seguinte projeto de resolução:

Considerando que o direito de herança, que é um elemento essencial da propriedade individual, contribuiu poderosamente para alienar a propriedade fundiária e a riqueza social em proveito de alguns e em detrimento da imensa maioria, e que, em conseqüência, ele é um dos maiores obstáculos à entrada do solo na propriedade coletiva;

Que, por outro lado, o direito de herança, por mais restrita que seja sua ação, impedindo que os indivíduos tenham absolutamente os mesmos meios de desenvolvimento moral e material, constitui um privilégio do qual a importância maior ou menor, no fundo não destrói absolutamente a iniqüidade em direito, e que se torna, assim, uma ameaça permanente ao direito social;

Que, além do mais, o Congresso pronunciou-se pela propriedade coletiva, e que tal declaração seria ilógica se ela não fosse corroborada pela que segue;

O Congresso reconhece que o direito de herança deve ser completa e radicalmente abolido, e que essa abolição é uma das condições indispensáveis para a liberação do trabalho.

---

[1] Cabe ainda recorrer à memória de Guillaume: "Recordo-me que perguntei a Bakunin como ele pôde, ele, inimigo do Estado, reivindicar 'a construção, sobre as ruínas de todos os Estados nacionais, do Estado internacional de milhões de trabalhadores'. Respondeu-me que a expressão *Estado internacional*, exprimindo uma idéia contraditória por si mesma e impossível de realizar, equivalia à negação do Estado; ainda que parecendo fazer aos partidários do Estado uma concessão de linguagem, ele acreditava assim minar pela base a concepção teórica deles".

Segundo Guillaume, apesar de o texto conter a proposta correta, "a primeira declaração seria 'ilógica' se ela não fosse 'corroborada' pela segunda; era um raciocínio manco". Sobre o mesmo ponto, Marx defendeu a abolição da propriedade individual, de onde resultaria naturalmente o desaparecimento do direito de herança, e que aqueles que herdassem algo deveriam pagar imposto sobre a sucessão e sofrer a limitação do direito de dispor de seus bens por testamento. Ainda segundo Guillaume:

[Bakunin] não tomava como ponto de partida teórico a hipótese de um estado social no qual a propriedade tivesse sido abolida: constatando, ao contrário, o fato da existência da propriedade individual, e pressentindo que ela seria muito difícil de transformar, entre os camponeses, em propriedade coletiva; ele queria ao menos, pela abolição do direito de herança, retirar da ordem de coisas existente a sanção jurídica e transformar em simples posse de fato o que havia sido até ali uma propriedade revestida da garantia social.

A plenária incendiou-se na Basiléia. Com o apoio a Marx, Chemalé declarou que a deliberação que havia sido votada no ponto anterior, e que dera vitória à tese da propriedade coletiva, continha já a decisão sobre a herança. E que uma vez abolida a propriedade individual, o que se poderia herdar? Varlin redargüiu:

Se tivéssemos conseguido fazer entrar todos os instrumentos de trabalho, bem como o solo, na propriedade coletiva, é evidente que a questão da herança não teria mais importância; mas estamos longe disso: ainda resta uma grande parte dos instrumentos sociais cuja propriedade não abolimos, mesmo em princípio; se mantivermos a herança nessas condições, manteremos a desigualdade, visto que algumas crianças encontrarão por meio da herança o que lhes é necessário, enquanto outras crianças serão fatalmente privadas.

Referindo-se ao Conselho Geral, Bakunin afirmou que havia uma diferença entre os que pensavam que após a votação da propriedade coletiva seria inútil votar também a abolição

INTRODUÇÃO

do direito de herança, e aqueles que achavam que isto seria útil e inclusive necessário:

Uns se colocam em pleno futuro, e, tomando por ponto de partida a propriedade coletiva, acham que não há mais motivo para falar do direito de herança; nós partimos, ao contrário, do presente; encontramo-nos sob o regime da propriedade individual triunfante, e, caminhando para a propriedade coletiva, encontramos um obstáculo: o direito de herança; pensamos, portanto, que é preciso eliminá-lo. O relatório do Conselho Geral diz que, sendo o fato jurídico sempre a conseqüência de um fato econômico, basta transformar este último para aniquilar o primeiro. É incontestável que tudo o que se chama direito jurídico ou político sempre foi na história a expressão ou o produto de um fato consumado. Mas é incontestável também que depois de ter sido um efeito de atos ou fatos anteriormente realizados, o direito torna-se, por sua vez, a causa de fatos ulteriores, torna-se ele mesmo um fato muito real, muito poderoso, e que é preciso aniquilar se quisermos chegar a uma ordem de coisas diferente daquela que existe. Assim é que o direito de herança, depois de ter sido a conseqüência natural da apropriação violenta das riquezas naturais e sociais, tornou-se mais tarde a base do Estado político e da família jurídica, que garantem e sancionam a propriedade individual. Logo, devemos votar a abolição do direito de herança.[2]

---

[2] Guillaume relata que "Franz Mehring, falando do Congresso de Basiléia e do debate sobre o direito de herança, escreveu: 'Eccarius, em nome do Conselho Geral, defendeu o ponto de vista lógico, mostrando que o direito de herança nasce com a propriedade individual e desaparece com ela; enquanto Bakunin, confundindo a superestrutura ideológica com a base econômica, queria abolir a herança por motivos de justiça, como fonte de desigualdade' (*Geschichte der deutschen Sozialdemokratie*, 2ª Edição, tomo III, p. 370). Vemos, pelas próprias palavras de Bakunin, o quanto a apreciação de Mehring é inexata. Bakunin admite expressamente, com o Conselho Geral, que 'o fato jurídico é sempre a conseqüência de um fato econômico'; ele conhecia tanto quanto Marx esse assunto; mas não se limitou à constatação de uma verdade conhecida de todos, e disse mais uma coisa boa para meditar: é que 'esse direito, depois de ter sido um efeito, torna-se por sua vez a causa de fatos ulteriores, torna-se ele mesmo um fato muito poderoso', e, que, por conseqüência, 'é preciso anular esse fato e destruir essa causa se quisermos chegar a uma ordem de coisas diferente".

Para maior clareza, além da distinção da natureza dos diferentes postulados, ele complementaria:

Falaram-nos muito de prática. Pois bem, é em nome da prática que eu vos convido a votar a abolição do direito de herança. Disseram hoje que a transformação da propriedade individual em propriedade coletiva encontrará graves obstáculos entre os camponeses, pequenos proprietários da terra. E, com efeito, se, depois de ter proclamado a liquidação social, tentassem desapossar por decreto esses milhões de pequenos agricultores, estes necessariamente se lançariam na reação, e, para submetê-los à revolução, seria preciso empregar contra eles a força, isto é, a reação. Será preciso, pois, deixar com que permaneçam, de fato, os possuidores dessas parcelas de que são os proprietários hoje. Mas se não abolísseis o direito de herança, o que aconteceria? Eles transmitiriam essas parcelas a seus filhos, com a sanção do Estado, a título de propriedade. Se, ao contrário, ao mesmo tempo que fizerdes a liquidação social, proclamais a liquidação política e jurídica do Estado, se abolirdes o direito de herança, o que restará aos camponeses? Nada além da posse de fato, e essa posse, privada de toda sanção legal, não se abrigando mais sob a proteção poderosa do Estado, deixar-se-á facilmente transformar sob a pressão dos acontecimentos e das forças revolucionárias.

A votação, dessa forma, acabou por consagrar os argumentos de Bakunin.

De fato, os debates sobre a herança, longe de representarem apenas uma divergência de natureza prática, deixavam entrever uma questão importante. Não se tratava de incompatibilidade de gênios. Já ali se expunha com alguma clareza as essências de duas concepções diferentes de socialismo, pois se com Proudhon, Bakunin não concordava inteiramente, com Marx não havia modulação ou conceituação diversa, não era apenas divergência na apreciação dos fenômenos sociais, mas no caráter destes, na ontologia, e portanto, a ruptura era filosófica. Tal condição necessariamente levou Bakunin a valorar o papel de certos atores sociais muito diversamente de Marx. Apesar de se afirmar materialista, para Bakunin, o nexo da

INTRODUÇÃO

operação conceitual orientava-se por uma ênfase na liberdade e na possibilidade da alternância do protagonismo revolucionário, em um campo de diversos segmentos de classe, que Bakunin gostava de chamar "oprimidos".

A questão da herança possuía um componente social que, não por acaso, foi lembrado por Bakunin em sua defesa. Em última análise, a discussão se dava sobre o papel do camponês, pois ele acreditava ser necessário a inclusão de todas as classes exploradas no processo de transformação. E desprezando qualquer hierarquia ditada por uma pretensa imanência revolucionária, mais presente em uma classe que em outra, queria uma ruptura imediata com a ordem capitalista. Assim, não se podia desprezar o concurso de nenhum setor do campo oprimido.

Em relação aos camponeses, os socialistas alemães, assim como Marx, manifestavam algumas restrições. Lassalle não hesitou em afirmar que a derrota dos camponeses alemães, na revolta do século XVI, teria ocorrido em favor da História e da própria revolução, uma vez que a centralização do poder nas mãos de um organismo político seria um passo importante na direção do progresso. Semelhante juízo manifestou Friedrich Engels em *Neue rheinische Zeitung*, em 1849, por ocasião da guerra imperialista entre México e Estados Unidos (1847–1848). Segundo este, apesar de o conflito ser claramente imperialista, fato exuberantemente provado com a invasão da Califórnia, o percalço seria de menor importância se comparado com a sujeição dos "preguiçosos mexicanos" ao jugo dos "enérgicos ianques". Estes últimos, ainda segundo Engels, teriam agido em harmonia com os interesses da civilização. A abertura do comércio pelo Pacífico e o avanço das forças produtivas advindo da ocupação do Oeste, habitado por camponeses com fortes traços culturais indígenas, que simbolizavam o atraso, justificavam a ponderação. A mesma lógica Engels aplicaria à independência da Argélia frente ao coloni-

alismo francês. Contra as forças insurgentes de El-Hadj Abd-
-el-Kader, Engels tomou o partido da França.

Para Marx, já no *Manifesto Comunista* — raciocínio que
ele reproduz em nota no célebre capítulo XXIV, de *O Capital*,
sobre a "acumulação primitiva",

a ruína [da burguesia] e o triunfo do proletariado são igualmente
inevitáveis... Entre todas as classes que hoje se confrontam com a
burguesia, a única realmente revolucionária é o proletariado. As outras
decaem e desaparecem com a expansão da grande indústria, enquanto
o proletariado é desta o produto mais autêntico. Todos os setores da
classe média, o pequeno industrial, o pequeno comerciante, o artesão,
o camponês, combatem a burguesia para assegurar sua existência como
classe média em face da extinção que os ameaça... São reacionários,
pois procuram fazer andar para trás a roda da história.

Além de materialista, Bakunin admitia ser, em algumas
oportunidades, fatalista. Então, de que forma ele poderia
nesse caso se distanciar de Marx? Como havia afirmado na
Basiléia, a sua teoria partia "do presente", do que estava acon-
tecendo, e de quais forças poderiam servir aos revolucionários para transformar a realidade dada. Diante disso, conde-
nar previamente qualquer segmento do grupo de explorados,
mesmo que com base em um modelo "científico", era para
ele próximo do absurdo. Não se tratava de crença, mas de ob-
servação prática — a partir de inúmeras experiências em barricadas e convulsões, no somatório de quase duas décadas. Bakunin tinha visto aqueles que Marx e Engels tratavam pejora-
tivamente por "lumpemproletariado", "proletariado esfarra-
pado", ou ainda, a "grande canalha popular", morrendo nas
refregas com a reação e somando seus esquálidos corpos aos
de tantos outros nas lutas em Paris e Dresden. Como eslavo,
havia ainda presenciado levantes camponeses que remonta-
vam às colunas de Stenka Razin e Pugatchev, e não lhe era
possível tratar os camponeses como "classe reacionária", principalmente, por ser a Europa ainda bastante rural à época.

INTRODUÇÃO

Em 1872, em uma situação de irreversível ruptura no interior da Internacional, Bakunin referia-se às teorias que atribuíam ao proletariado fabril a primazia do papel revolucionário da seguinte forma:

Existe nesse programa uma outra expressão que nos é profundamente antipática, a nós, anarquistas revolucionários, que desejamos francamente a completa emancipação popular: é o proletariado, o mundo dos trabalhadores que é apresentado como classe e não como massa.[5] Sabeis o que isso significa? Nem mais nem menos que uma nova aristocracia, a dos operários das fábricas e das cidades, à exclusão dos milhões que constituem o *proletariado dos campos* e que, nas previsões dos Senhores social-democratas da Alemanha, tornar-se-ão propriamente súditos em seu grande Estado pretensamente popular. Classe, Poder, Estado são três termos inseparáveis, cada um deles supondo necessariamente os dois outros, e todos juntos se resumem definitivamente por essas palavras: subjugação política e exploração econômica das massas.

Alertava ainda para o perigo do surgimento de uma aristocracia operária que, uma vez no poder, tenderia à burocratização e passaria a viver da exploração dos demais setores, em particular dos camponeses.

Bakunin aproxima-se então de Proudhon quando este afirma, em seu *Da capacidade política das classes operárias*, que:

A causa dos camponeses é a mesma dos trabalhadores da indústria; a *Marianne* dos campos é a contrapartida da *Sociale*[4] das cidades. Os seus adversários são os mesmos.

---

[5] O sentido de massa implica aí o conjunto de explorados. A classe, inversamente, seria a divisão do bloco de explorados, atribuindo-se à parte "mais revolucionária" um *status* privilegiado.

[4] A figura de Marianne popularizou-se na França no contexto da Revolução de 1789. Representada com o barrete frígio e busto parcialmente descoberto, era então parte constitutiva do povo e mesmo sua credencial revolucionária. Uma das mais célebres representações de Marianne encontra-se na tela intitulada, *La Liberté guidant le peuple*, de Eugène Delacroix, de 1830. O termo *Sociale* pode muito bem se traduzido por "Causa Social", referência popular à causa das lutas sociais por reformas e mesmo "Revolução Social".

ALEXANDRE SAMIS

Era este mais um ponto de afinidade entre o libertário | **23**
francês e o russo.

A QUESTÃO DA REPRESENTAÇÃO POLÍTICA E A AIT

Na sua origem, nos primeiros documentos, a AIT declarava que a conquista do poder político era "o primeiro dever dos trabalhadores". Os congressos que se seguiram — a partir do primeiro, em Genebra, no ano de 1866, onde a orientação passava a ser "a emancipação econômica dos trabalhadores" como "grande objetivo ao qual deve estar subordinado todo o movimento político" — mostraram que no interior da AIT cresciam duas tendências, *grosso modo*, aglutinadas em torno da participação ou não dos internacionalistas nos fóruns burgueses de representação. Com a entrada de Bakunin, e uma maior participação da Aliança Internacional da Democracia Socialista nos debates, e principalmente com o apoio dos operários do Jura, este imprimiu aos congressos as mais vivas cores. Segundo os documentos da Aliança, os internacionalistas deveriam rejeitar "toda ação política que não tiver como objetivo imediato e direto o triunfo dos trabalhadores contra o capital". Para tanto, a Aliança, que de fato era a seção de Genebra da AIT, assumia a tese de que o Estado teria que ser abolido — na realidade todos eles —, substituindo-o pela federação das associações locais representadas na AIT.

Entrementes, o corolário do programa defendido por Marx encontrava na representação política sua mais clara definição. No contexto do Congresso da Basiléia (o mesmo que serviu de palco às divergências sobre a herança) os socialistas alemães amargaram ainda outra derrota, uma vez que a plenária mantinha o veto ao imperativo político. Para Marx, uma vez que o Partido Social-Democrata constituía-se em certa medida, naquele ano de 1869, era a oportunidade de se imprimir na AIT a dinâmica que lhe parecia mais adequada.

INTRODUÇÃO

Liebknecht e Bebel estavam determinados a fazer crescer o partido na Alemanha, mas os resultados dos congressos contrariavam tal articulação e podiam frustrar expectativas.

Para Bakunin, a estratégia dos alemães era tributária de uma circunstância específica de seu país de origem. Uma vez que a social-democracia apresentava alguns resultados favoráveis aos olhos de seus animadores, defendiam estes que o modelo poderia ser reproduzido e, assim, a AIT passaria a disseminar internacionalmente o que já era "realidade" na Alemanha. O chamado *Volksstaat*, o Estado popular, aliás, nome do periódico do Partido Social-Democrata, era então uma idealização e uma mistificação. Bakunin definiu as duas tendências — a dos alemães e a defendida pela Aliança — como irreconciliáveis. Encontravam-se na AIT e, entre ambas, havia o mesmo abismo que "entre o proletariado e a burguesia". Ainda segundo ele:

A Aliança, levando o programa da Internacional a sério, havia rejeitado com desdém toda a transação com a política burguesa, por mais radical que ela se diga e por mais socialista que ela se caracterize, recomendando ao proletariado como única via de emancipação real, como a única política verdadeiramente salutar para ele, a política exclusivamente negativa[5] da demolição das instituições políticas, de todo o poder político, do governo em geral, do Estado, e, como conseqüência necessária, a organização internacional das forças esparsas do proletariado em uma força revolucionária dirigida contra todas as forças constituídas da burguesia.

O programa alemão que preconizava a luta pelo sufrágio universal e demais direitos políticos era, sob seu julgamento, uma forma de ação tipicamente burguesa, e portanto, incapaz de promover a tão desejada emancipação.

---

[5] No sentido dialético que Bakunin dava à palavra "negativo", principalmente nesse contexto, ela se presta ao entendimento contrário do vulgo. É, dessa forma, a oposição ao que se manifesta no atraso, nas instituições ou derivadas destas que devem ser aniquiladas, para dar espaço ao novo, ao revolucionário.

No seu livro *Estatismo e anarquia*, de 1873, Bakunin traçou um minucioso panorama das relações entre os estados europeus. Não por acaso o veterano russo debruçou-se sobre tão árido assunto em seus últimos anos de vida. Ele percebia na teoria de Marx semelhanças com o movimento que havia, a partir do nacionalismo romântico, erigido o paradigma do Estado nacional moderno. Bakunin entendeu que o "socialismo autoritário" era tributário do mesmo princípio que havia permitido surgir a máquina de guerra prussiana. Otto von Bismarck era o mais legítimo representante *junker* de uma elite embriagada com seu próprio sucesso militar contra o Império de Napoleão III. Marx, que havia se posicionado a favor dos alemães na guerra franco-prussiana (1870–1871), embora orientado por compromissos de classe distintos, era também um adepto do pangermanismo. Se, por um lado, Marx defendia a premissa de que o socialismo era o caminho para a humanidade, por outro, o seu raciocínio prático, uma vez que permanecia na órbita que garantia prestígio ao Estado-nação, não era diverso do de Bismarck. Dessa forma, Bakunin, como federalista e partidário da autonomia, figurava aos olhos de Marx como um típico representante da sociedade que deveria necessariamente desaparecer com a industrialização.

A divergência permaneceu latente durante os anos de guerra e o advento da Comuna de Paris. Neste período o Conselho Geral reuniu-se em Londres e iniciou os preparativos para o Congresso de Haia (1872). Bakunin, que havia participado das comunas de Lyon e Marselha, encontrava-se ainda envolvido em outros movimentos. O Congresso de Haia, dessa forma, aconteceu em uma conjuntura de grande repressão aos internacionalistas. Na França, as leis eram severas, os *communards* haviam sofrido com os fuzilamentos, as prisões e deportações. Quanto à estratégia política, os socialistas alemães contavam, no momento, com o importante apoio dos blanquistas franceses. Uma vez que as seções e filiações tinham represen-

INTRODUÇÃO

tação numérica, desprezando-se a expressão na base de cada uma das representações, o que no caso das votações caracterizava "maioria artificial", não foi difícil para o Conselho Geral fazer passar o dispositivo que reintroduzia na AIT a luta política como mecanismo privilegiado. Diante deste quadro, não era mais possível que os federalistas permanecessem nos quadros da AIT.

Sobre a exclusão dos "bakuninistas", o próprio Bakunin afirmaria o seguinte:

> O Congresso de Haia, longe de ter sido a expressão das aspirações de todo o proletariado da Europa, não seria − a despeito de todas as aparências de regularidade com as quais se quis cercá-lo − senão o triste produto da mentira, da intriga? Um abuso revoltante de confiança e de autoridade, infelizmente, por muito tempo concedidas ao falecido Conselho Geral? Foi, na realidade, não um Congresso da Internacional, mas do Conselho Geral, cujos membros marxistas e blanquistas, formando aproximadamente um terço do número total dos delegados, atraindo em seguida, de um lado, o batalhão bem disciplinado dos alemães, e, do outro, alguns franceses desgarrados, que foram a Haia não para discutir as condições sérias de emancipação do proletariado, mas para estabelecer sua dominação na Internacional.

Após Haia, o Conselho Geral transferiu a sede da AIT para Nova Iorque, depois disso, a grande Associação logo dissolveu-se, ao menos na forma que havia assumido até 1876.

OS ANARQUISTAS NO OCASO DO OITOCENTOS

Após alguns anos de intensa repressão na França, situação que se repetia em outras partes do continente, a lei de anistia de 11 de julho de 1880, que beneficiou os veteranos da Comuna de Paris, permitiu o afrouxamento de determinadas práticas de vigilância. A lei era, na realidade, fruto da pressão dos trabalhadores, um artifício com o intuito de sugerir, ao menos na formalidade, que os mecanismos democráticos de fato existiam. Nesta mesma década os trabalhadores de várias partes organizaram-se em greves e encontros bastante representativos. Na França, eram os operários de Decazeville; na Bélgica, os mineiros e vidraceiros; na Inglaterra, os trabalhadores do West End, em Londres, e, em Chicago, no movimento que marcaria a História do operariado, com as jornadas de maio, eram os operários da McCormicks – todos estes eventos ocorridos em 1886. Tudo apontava para a ascensão de um movimento de massas. Na Itália, os camponeses agitavam-se, e Malatesta se ocupou bastante da propaganda revolucionária entre eles.

Nesse contexto, foi fundada em 1889, na França, outra Internacional, e, em homenagem aos oito mártires anarquistas executados nos Estados Unidos, acusados de explodir uma bomba na praça Haymarket em Chicago, em 1886, foi escolhida data de 1º de maio como marco da luta dos trabalhadores em todo o mundo. Depois de passar alguns anos na América do Sul, fugindo principalmente da repressão, Malatesta retornou à Europa e logo tratou de se posicionar diante do quadro geral dos acontecimentos, um momento de grandes oportunidades para a reorganização e implementação de um projeto consistente para a ação conjunta dos anarquistas.

Em outubro de 1889, junto com alguns outros anarquistas, funda em Nice o periódico *L'Associazione*, que, além da propaganda, pretendia fomentar a fundação de um "Partido Socialista Anarquista Revolucionário". Segundo Luigi Fabbri, além de reunir no "programa" da nova organização as experiências da "Aliança" de Bakunin, esperava-se que convivessem lado a lado anarquistas comunistas e coletivistas. Dessa forma, todos os anarquistas que permaneciam na tradição organizacionista, excetuando-se os individualistas, deveriam contribuir para o estabelecimento da nova aliança.

Os anarquistas pregavam então o abstencionismo em oposição ao parlamentarismo adotado por boa parte dos socialistas, principalmente após a nova Internacional e o avanço da social-democracia na alemanha, cujo partido já havia rece-

INTRODUÇÃO

bido 1.427.000 votos nas eleições de 1890. Na Itália, Malatesta, Merlino, Galleani, Cipriani, Converti, Cini, Palla, Panizza, dentre os mais ativos militantes, declararam guerra às representações burguesas. Figuras como Engels e mesmo Andrea Costa, que até 1880 podia ser considerado ainda um notório libertário, preferiam a via eleitoral e representativa, como "tática". Diante de tal situação foi convocado um congresso que ocorreu em Capolago, em janeiro de 1891, no qual se reforçou a idéia da constituição de uma organização anarquista revolucionária na Itália, e a recomendação de ações insurrecionais.

No ano seguinte, em Gênova, ocorreria outro congresso socialista, no qual as diferenças entre anarquistas e socialistas parlamentares ampliariam ainda mais o fosso entre os dois grupos. Mas foi em Londres que o embate definiu os campos de atuação, à semelhança do que acontecera em Haia. Em agosto de 1896, Malatesta conseguiu organizar uma rede libertária de defesa das posições tradicionais nas plenárias do encontro, das quais participaram Fernand Pelloutier, Émile Pouget e Joseph Jean-Marie Tortelier; entre os libertários alemães, destacou-se o grupo de Gustav Landauer; os holandeses receberam reforço com a participação de Domela Nieuwenhuis; e mesmo os socialistas de tendência não-marxista como William Morris, Tom Man e Keir Hardie, aproximaram-se das teses anarquistas. Não obstante a força das intervenções, e em particular, as defesas que fez Malatesta do ideário ácrata, o Congresso de Londres teve o mesmo desfecho de 1872: novamente, todas as organizações presentes que não concordavam com a ação parlamentar foram excluídas da nova Internacional.

Após o Congresso de Londres, outro libertário, Saverio Merlino, iria aderir ao parlamentarismo. Merlino afirmara publicamente que "o parlamentarismo não é a fênix dos sistemas políticos: muito longe disso! Mas, por pior que seja,

ALEXANDRE SAMIS

sempre é melhor do que o absolutismo, para o qual nos enca- | 29
minhamos a largos passos", ao que responderia Malatesta, na
condição de membro do "Partido Socialista Anarquista", da
seguinte forma:

Permanecem [os anarquistas] adversários do parlamentarismo, porque
crêem que o socialismo só deve poder realizar-se mediante a livre federação das associações de produção e consumo, e que qualquer Governo,
incluindo o parlamentar, não só é impotente para resolver a questão
social e harmonizar e satisfazer os interesses de todos, como também
constitui em si mesmo uma classe privilegiada, com idéias, paixões
e interesses contrários aos do povo – classe privilegiada essa que tem
todos os meios necessários para oprimir, com as forças que lhe vêem do
próprio povo. E permanecem adversários da luta parlamentar, porque
crêem que esta, longe de favorecer o desenvolvimento da consciência
popular, tende a se afastar da ação direta para a resolução de seus
próprios interesses e constitui uma escola para uns de servilismo, para
outros de intriga e mentira.

Não deixamos de reconhecer a importância das liberdades políticas.
As liberdades políticas não se obtêm, todavia, senão quando o povo se
mostra decidido e as quer; não duram e não têm valor, uma vez obtidas,
senão quando os Governos sentem que o povo não suportaria a sua
supressão.

Habituar o povo a delegar a outros a conquista e defesa dos seus
direitos é a maneira mais segura de deixar livre o curso à arbitrariedade
dos governantes.

Malatesta expunha o que essencialmente identificava os
anarquistas como grupo dentro da Associação Internacional
dos Trabalhadores. E o que, mesmo fora dela, orientava, como
queria Malatesta, em um "Partido", a corrente organizacionista na luta contra o capitalismo.

O texto *Entre camponeses*, escrito em 1883 e publicado
pela primeira vez no ano seguinte, muito depressa foi editado
em francês e inglês, e teve ampla repercussão entre os trabalhadores do campo e da cidade. As primeiras edições, im-
pressas aos milhares, esgotaram-se com impressionante velo-
cidade. A primeira versão em português de que se tem notícia

INTRODUÇÃO

foi autorizada por Malatesta, em carta enviada de Londres, em abril de 1912. Apesar de o autor reconhecer que não se tratava de uma "exposição satisfatória da doutrina e da tática anarquistas", acrescentava:

Apesar de tudo, porém, ele expõe o que continua a constituir a essência fundamental das nossas aspirações, isto é, a expropriação dos detentores atuais da riqueza e a reorganização da sociedade, pelo esforço direto dos trabalhadores, sobre a base do direito igual para todos ao uso gratuito do solo e dos meios de produção.

A carta endereçada ao português Neno Vasco, tradutor de muitas de suas obras para o português, foi incluída na primeira edição de *Entre Camponeses*. O subtítulo do opúsculo: "propaganda socialista-anarquista, Portugal, 1913".

Sobre o segundo texto, *Em período eleitoral*, de 1897, sabe-se que é tributário do contexto de embate com os socialistas parlamentares, da afirmação, como aqui exposto, do abstencionismo anarquista como tática, intimamente ligada aos eixos estabelecidos pelo acúmulo, no cerne da formação da própria ideologia.

Os textos, dessa forma, escritos para a vulgarização do pensamento anarquista daquele final de século, trazem a marca do estilo inconfundível de Malatesta. Um militante que usava a consistência filosófica como suporte oculto para escritos que encontravam na simplicidade da forma uma das mais claras virtudes. Como peças de propaganda dos postulados libertários, pode-se afirmar, foram imbatíveis em seu tempo. Tratando de questões complexas como herança, propriedade, antiparlamentarismo e da condição do camponês, ainda assim, expunham com clareza e objetividade, para a classe explorada, todas as suas mazelas. Sob forma de diálogo, na realidade um artifício lúdico, Malatesta não buscava subordinar o leitor aos seus argumentos, mas antes, entabulava com este um diálogo franco, pontuado de exemplos familiares, que revelavam amplo domínio de seu público. Procurou, antes de tudo, como era coerente a um anarquista, misturar-se ao meio no qual pretendia provocar mudanças radicais. A severidade dos juízos contra a burguesia contrastava com a sua sensibilidade para observar e interferir nos assuntos relativos aos operários e camponeses, pelos quais sempre manifestou a mais profunda admiração, e nos quais depositou as esperanças de toda a sua vida de revolucionário.

Os dois textos são complementares, porque possuem teoria e ação, e o resultado da experiência e da transformação, e podem ser considerados, ambos, parte do patrimônio libertário.

BIBLIOGRAFIA

BAKUNINE, Miguel. *A reacção na Alemanha*. Lisboa: Assírio&Alvin, 1976.

_____. *Escritos contra Marx*. São Paulo: Imaginário, 2001.

_____. *Estatismo e anarquia*. São Paulo: Imaginário/Ícone, 2003.

DE JONG, Rudolf et alli. *O Estado autoritário e movimentos populares*. Rio de Janeiro: Paz e Terra, 1979.

FABBRI, Luigi. *Malatesta*. Buenos Aires: Editorial Americale, 1946.

GUILLAUME, James. *L'Internationale. Documents et souvenirs.*. Vol. I, 1864–1872. Genebra: Éditions Grounauer, 1980.

GURVITCH, Georges. *Proudhon*. Lisboa: Edições 70, 1983.

MALATESTA, Errico. *Entre camponeses*. Lisboa: Tipografia Renascença, 1913.

MALATESTA, ERRICOe MERLINO, Francesco Saverio. *Democracia ou Anarquismo?* Faro: Edições Sotavento, 2001.

_____. *Escritos revolucionários*. São Paulo: Hedra, 2008.

PROUDHON, Pierre-Joseph. *O que é a propriedade?* Lisboa: Estampa, 1997.

ENTRE CAMPONESES

ENTRE CAMPONESES

| 35

TIAGO

Ora, vem bem a calhar! Há muito eu desejava falar contigo; estou contente por te encontrar... Ah! Pedro, Pedro! Quanta coisa eu soube de ti! Quando estavas na nossa região, eras um bom filho, o modelo dos jovens de tua idade... Ah! Se teu pai ainda vivesse...

PEDRO

Tiago, por que me falas assim? O que fiz para merecer tuas censuras? E por que meu pobre pai estaria descontente comigo?

TIAGO

Não te ofendas com as minhas palavras, Pedro. Sou velho e te falo para teu bem. E, além do mais, eu era tão amigo do velho André, teu pai, que ao te ver seguir um mau caminho, isso me entristece como se fosses meu próprio filho, sobretudo quando penso nas esperanças que teu pai havia depositado em ti e nos sacrifícios que ele fez para te deixar um nome sem mácula.

PEDRO

Mas o que dizes, Tiago? Não sou, por acaso, um honesto trabalhador? Nunca fiz mal a ninguém, e, inclusive, desculpe-me se digo, mas sempre fiz tanto bem quanto pude; por que, então, meu pai enrubesceria por minha causa? Faço o possível para instruir-me e tornar-me melhor; busco, com meus companheiros, remediar os males que nos afligem a todos; em que, portanto, meu caro Tiago, mereci tuas censuras?

ENTRE CAMPONESES

TIAGO

Ah! Ah! Aqui estamos. Por Deus! Bem sei que trabalhas e que ajudas teu próximo. És um bom rapaz, todos o dizem na nossa região. Mas não é menos verdade que fostes várias vezes preso? Dizem que os policiais te vigiam e que, o simples fato de aparecer contigo na praça, pode nos causar problemas... Quem sabe se eu próprio não me comprometo neste momento... Mas eu te quero bem e te falarei, de todo modo. Pedro, escuta os conselhos de um velho: crê-me, deixa os senhores que não têm nada para fazer, falar de política, e tu, pensa em trabalhar e agir bem. Dessa maneira, viverás tranqüilo e feliz, caso contrário, perderás tua alma e teu corpo. Escuta-me: abandona as más companhias. São elas, sabemo-lo, que perdem os pobres rapazes.

PEDRO

Tiago, crê-me, meus companheiros são bons rapazes; o pão que eles comem custa-lhes lágrimas e é regado de seu suor. Deixa que os patrões falem mal deles; eles que gostariam de sugar até a última gota de nosso sangue e tratam-nos, em seguida, de canalhas e fora-da-lei se tentamos melhorar nosso destino e buscamos nos subtrair de sua tirania. Meus companheiros e eu estivemos na prisão, é verdade, mas foi por uma causa justa; iremos de novo, e talvez nos aconteça algo de pior, mas será pelo bem de todos, e porque queremos destruir as injustiças e a miséria. E tu que trabalhaste toda tua vida e sofreste como nós de fome, tu que serás, talvez, forçado a ir morrer no hospital quando não puderes mais trabalhar, não deverias te juntar aos senhores e ao governo para cair sobre aqueles que buscam melhorar o destino da pobre gente.

TIAGO

Meu caro rapaz, bem sei que o mundo vai mal, mas querer mudá-lo é como se quisesses endireitar as pernas de um cão cambaio. Tomemo-lo, pois, como ele é, e roguemos a Deus para que ao menos a sopa não nos falte. Sempre houve ricos e pobres; nós que nascemos para trabalhar, devemos trabalhar e contentar-nos com o que Deus envia-nos, caso contrário, é em detrimento da paz e da honra.

PEDRO

E me falas de honra? Os senhores, depois de terem tudo retirado de nós, depois de nos terem obrigado a trabalhar como animais para ganhar um pedaço de pão, enquanto eles vivem de nosso suor, sem fazer nada, na riqueza e na orgia, os senhores vêm em seguida dizer que devemos, para sermos pessoas honestas, suportar de bom grado nosso destino e vê-los engordar às nossas custas. Se, em vez disso, lembramos que somos, nós também, homens, e que aquele que trabalha tem o direito de comer, então somos bandidos, e os policiais levam-nos à prisão e os sacerdotes, além do mais, enviam-nos ao inferno.

Deixa-me dizer-te, Tiago, a ti que nunca sugaste o sangue de teu semelhante: os verdadeiros bandidos, os indivíduos sem honra são aqueles que vivem da opressão, aqueles que se apoderaram de tudo o que existe sob o sol, e que, por força de perseguições, reduziram o povo ao estado de um rebanho de carneiros que se deixam tranqüilamente tosquiar e degolar. E tu te metes com essa gente para cair em cima de nós? Já não é suficiente que eles tenham para si o governo que, sendo feito pelos ricos e para os ricos, só pode apoiá-los? Ainda é preciso que nossos próprios irmãos, os trabalhadores, os pobres, precipitem-se sobre nós porque queremos que eles tenham pão e liberdade?

Ah! Se a miséria, a ignorância forçada, os costumes adquiridos durante séculos de escravidão não explicassem esse fato doloroso, eu diria que eles é que não têm honra nem dignidade, esses pobres que se fazem serviçais dos opressores da

ENTRE CAMPONESES

humanidade, e não nós, que sacrificamos esse miserável pedaço de pão e esse fragmento de liberdade para tratar de realizar o estado no qual todos serão felizes.

TIAGO

Sim, certamente, dizes belas coisas; mas, sem o temor a Deus, não fazemos nada de bom. Não me enganarás. Ouvi nosso santo homem, o vigário, e ele dizia que tu e teus companheiros sois um bando de excomungados; ouvi o sr. Antônio, que estudou e que sempre lê os jornais, e ele também sustenta que sois loucos ou bandidos que gostaríeis de comer e beber sem trabalhar, e que, em vez de realizar o bem dos trabalhadores, impedis os senhores de conduzir as coisas o melhor possível.

PEDRO

Tiago, se quisermos refletir, deixemos em paz Deus e os santos, porque, como sabes, o nome de Deus serve de pretexto e justificação a todos aqueles que querem enganar e oprimir seus semelhantes. Os reis sustentam que Deus lhes deu o direito de reinar, e quando dois reis disputam um país, ambos sustentam que são os enviados de Deus. Deus, contudo, dá razão àquele que tem mais soldados e as melhores armas. O proprietário, o explorador, o açambarcador, todos falam de Deus. O sacerdote católico, o protestante, o judeu, o muçulmano também se dizem representantes de Deus; é em nome de Deus que eles fazem guerra e tentam, cada um deles, levar água para seu moinho. Nenhum deles preocupa-se com o pobre. A ouvi-los, Deus lhes teria dado tudo e nos teria condenado à miséria e ao trabalho. Para eles o paraíso neste mundo e no outro; para nós o inferno nesta terra, e o paraíso apenas no outro mundo, se, todavia, tivermos sido escravos bem obedientes.

Escuta, Tiago, nos assuntos de consciência, não quero entrar; cada um é livre para pensar como bem quiser. Quanto a mim, não creio em Deus nem em todas as histórias dos sacerdotes, porque, de todas as religiões das quais os sacerdotes sustentam estar em posse da verdade, nenhuma pode fornecer provas em favor dos dogmas que ela afirma. Eu também poderia, se eu quisesse, inventar um monte de tolices e dizer que aquele que não crer em mim e não me obedecer será condenado às penas eternas. Tu me tratarias de impostor, mas se eu tomasse uma criança e repetisse-lhe sempre a mesma coisa sem que ninguém pudesse dizer-lhe o contrário, evidentemente ele creria em mim, da mesma forma que tu crês no teu vigário.

Todavia, em suma, és livre para creres se bem te parece; entretanto, não venha me dizer que é Deus que quer que trabalhes e passes fome, que teus filhos tornem-se magros e doentes por falta de pão e cuidados, que tuas filhas estejam expostas a tornar-se amantes de teu patrão, porque então eu direi que teu Deus é um assassino.

Se Deus existe, o que ele quer não o disse a quem quer que seja. Pensemos, então, em fazer neste mundo nossa felicidade e aquela de nossos semelhantes. Se houvesse um Deus no outro mundo, e que esse Deus fosse justo, ele não nos quereria mal por termos lutado para fazer o bem, em vez de ter feito sofrer ou permitir que fizessem sofrer os homens que, segundo o que diz o vigário, são todos criaturas de Deus, e, por conseqüência, nossos irmãos.

E, depois, crê em mim, hoje que és pobre, Deus te condena à labuta mais penosa; se amanhã conseguires ganhar muito dinheiro por um meio qualquer, mesmo cometendo a ação mais vil, adquirirás imediatamente o direito de não mais trabalhar, passear de carro, maltratar os camponeses, seduzir as filhas do pobre... e Deus te deixará fazê-lo, assim como deixa o teu patrão fazer.

TIAGO

Por minha fé! Depois que aprendeste a ler e a escrever, e freqüentas os citadinos, tu te tornaste tão bom fraseador que enrolarias um advogado. E, para ser franco contigo, disseste coisas que produziram em mim uma certa impressão. Saibas que minha filha, Rosina, já é adulta. Encontrou um bom partido, um jovem de bem que a ama; mas, compreendes, somos pobres; seria preciso fornecer o leito, o enxoval e um pouco de dinheiro para que ele abrisse uma pequena oficina, pois o rapaz é serralheiro, e se ele pudesse deixar o patrão que o faz trabalhar por quase nada e instalar-se por sua conta, ele teria os meios de sustentar a família que constituiria. Mas não possuo nada, ele também não. O patrão poderia adiantar-me um pouco de dinheiro que eu lho devolveria pouco a pouco. Pois bem! Acreditas que, quando lhe falei sobre isso, respondeu-me zombando que isso era negócio de caridade e que dizia respeito a seu filho. O jovem patrão, com efeito, foi ao nosso encontro; ele viu Rosina, acariciou-lhe o queixo e disse-nos que justamente ele tinha à sua disposição um enxoval que fora feito para uma outra; bastava que Rosina fosse buscá-lo, ela mesma. E tinha em seus olhos, enquanto dizia isso, tal olhar que quase me fez cometer uma desgraça... Oh! Se minha Rosina... Mas deixemos isso de lado...

Sou velho e sei que este mundo é infame; mas esta não é uma razão para nos tornarmos também canalhas... Enfim, é verdade, sim ou não, que vós quereis tomar os bens daqueles que os possuem?

PEDRO

Em boa hora! Assim gosto de ti. Quando quiseres saber algo que interesse aos pobres, não pergunta aos senhores. Eles nunca te dirão a verdade, pois ninguém gosta de falar contra si mesmo. E se quiseres saber o que querem os socialistas, pergunta-o a mim ou a meus companheiros, e não ao teu vi-

MALATESTA

gário ou ao sr. Antonio. Entretanto, quando o vigário te falar
dessas coisas, pergunta-lhe um pouco por que, vós que trabalhais, só tendes a sopa como alimento, enquanto ele, que permanece o dia todo sem fazer nada, come bons frangos assados
com seus sobrinhos; pergunta-lhe ainda por que ele está sempre com os ricos, e só vai à vossa casa para tomar algo; por que
ele dá sempre razão aos senhores e aos policiais, e por que, em
vez de tirar da pobre gente o pão da boca sob pretexto de re-
zar pelas almas dos mortos, ele não se põe a trabalhar a fim de
ajudar um pouco os vivos e deixar de ser peso morto para os
outros. Quanto ao sr. Antonio, que é jovem, robusto, instruído,
e que passa seu tempo a jogar no bar ou a tagarelar sobre política, diz-lhe que antes de falar de nós, ele cesse de levar uma
vida de desocupado e que aprenda o que são o trabalho e a
miséria.

TIAGO

Em relação a isso, tens plenamente razão; mas voltemos
à questão. É verdade, sim ou não, que quereis roubar os bens
daqueles que possuem?

PEDRO

Não é verdade: não queremos roubar absolutamente
nada! Mas desejamos que o povo tome a propriedade dos
ricos para colocá-la em comum em proveito de todos.

Ao fazer isso, o povo não roubará a fortuna dos outros, mas
simplesmente recuperará o que é seu.

TIAGO

Como assim? Por acaso a propriedade dos senhores é
nossa?

PEDRO

Certamente! É nossa propriedade; é a propriedade de todos. Quem, pois, a deu aos senhores? Como a conseguiram?

Que direito tinham de apoderar-se dela, e que direito têm de conservá-la?

TIAGO

Mas foram seus antepassados que lha legaram.

PEDRO

E quem a deu a seus antepassados? Como? Eis homens mais fortes ou mais felizes que se apoderaram de tudo o que existe, que obrigaram os outros a trabalhar para eles; não contentes de viverem eles próprios no ócio, oprimindo e esfomeando a esmagadora maioria de seus contemporâneos, legaram a seus filhos e netos a fortuna que usurparam, condenando assim toda a humanidade futura a ser escrava de seus descendentes, que, de resto, enervados pelo ócio e pela longa prática do poder, seriam hoje incapazes de fazer o que fizeram seus pais... E isso te parece justo?

TIAGO

Se eles se apoderaram da fortuna pela força, nesse caso não. Mas os senhores dizem que suas riquezas são o fruto do trabalho, e não me parece justo tomar de alguém o que adquiriu ao preço de suas fadigas.

PEDRO

Sempre a mesma história! Aqueles que não trabalham e que nunca trabalharam falam sempre em nome do trabalho.

Todavia, diz-me como se produziram e quem produziu a terra, os metais, o carvão, as pedras e o resto? Certamente, essas coisas, quer tenham sido feitas por Deus, quer sejam, o mais provável, a obra espontânea da natureza, nós todos as encontramos quando nascemos; portanto, elas deveriam servir a todos. O que dirias se os senhores quisessem apoderar-se do ar para dele servir-se, e deixar-nos apenas um pouco, e do mais poluído, fazendo-nos pagá-lo por meio de nosso trabalho e de nossas fadigas? Ora, a única diferença que há entre a terra e o ar, é que, no que concerne à terra, eles encontraram o meio de apoderar-se dela e partilhá-la, enquanto não puderam fazê-lo em relação ao ar; mas podes crer que se a coisa fosse possível, aconteceria com o ar o que ocorre com a terra.

TIAGO

É verdade; isso me parece justo: a terra e todas as coisas que ninguém fez deveriam pertencer a todos... Mas há coisas que não se fizeram por si só.

PEDRO

Certamente, há coisas que são produzidas pelo trabalho do homem, e a própria terra teria pouco valor se não fosse arroteada pela mão do homem. Todavia, por uma questão de justiça, essas coisas deveriam pertencer àquele que as produziu. Por qual milagre elas se encontram precisamente nas mãos daqueles que nada fazem e que nunca fizeram?

TIAGO

Mas os senhores sustentam que seus pais trabalharam e pouparam.

PEDRO

E eles deveriam dizer, ao contrário, que seus pais fizeram os outros trabalhar sem pagá-los, justamente como se faz hoje. A história ensina-nos que o destino do trabalhador sempre foi miserável, e que aquele que trabalhou sem frustrar os outros nunca pôde fazer economias e, inclusive, nunca teve o bastante para matar sua fome.

Vê o exemplo que tens sob os olhos: tudo o que os trabalhadores produzem não vai para as mãos dos patrões que se apoderam? Hoje, um homem compra por alguns francos um pedaço de terra inculta e pantanosa; põe nessa terra homens aos quais ele dá o necessário para não morrerem de fome e, enquanto estes trabalham, ele permanece tranqüilamente na cidade sem fazer nada. Ao final de alguns anos esse pedaço de terra inútil tornou-se um jardim e vale cem vezes mais do que originalmente. Os filhos do proprietário, que herdarão essa fortuna, dirão, eles também, que gozam do fruto do trabalho de seu pai, e os filhos daqueles que realmente trabalharam e sofreram continuarão a trabalhar e a sofrer. O que isso te parece?

TIAGO

Mas... se realmente, como dizes, o mundo sempre foi assim, nada pode ser feito, e os patrões não podem fazer nada em relação a isso.

PEDRO

Pois bem, quero admitir tudo o que é favorável aos senhores. Suponhamos que os proprietários sejam todos filhos de pessoas que trabalharam e pouparam, e os trabalhadores todos filhos de homens ociosos e esbanjadores. O que digo é evidentemente absurdo, como já compreendeste; mas, considerando que as coisas fossem realmente assim, haveria a mínima justiça na organização social atual? Se trabalhas e eu sou um mandrião, é justo que eu seja punido por minha preguiça, mas não é razão para que meus filhos, que talvez serão bons trabalhadores, devam matar-se de fadiga e morrer de fome para manter teus filhos no ócio e na abundância.

TIAGO

Tudo isso é muito bonito e não contradigo, mas, enfim, os senhores têm a fortuna, e, em fim de contas, devemos agradecer-lhes porque, sem eles, não poderíamos viver.

PEDRO

Se eles têm a fortuna é porque a tomaram à força e aumentaram-na expropriando o fruto do trabalho dos outros.

MALATESTA

Mas eles podem perdê-la do mesmo modo que a adquiriram. | **45**
Até aqui, neste mundo, os homens guerrearam entre si; buscaram retirar mutuamente o pão da boca e cada um deles estimou-se feliz se pôde subjugar seu semelhante e dele servir-se como de uma besta de carga. Mas é tempo de pôr um termo a essa situação. Não se ganha nada fazendo guerra uns aos outros; o homem só colheu de tudo isso a miséria, a escravidão, o crime, a prostituição e, de tempos em tempos, essas sangrias denominadas guerras e revoluções. Se eles quisessem, ao contrário, entender-se, amar-se e ajudar-se uns aos outros, não veríamos mais essas desgraças; não haveria mais pessoas que possuem muito enquanto outros nada possuem, e se agiria de modo que todos estivessem tão bem quanto possível.

Bem sei que os ricos, que se habituaram a comandar e a viver sem trabalhar, não querem ouvir falar de uma mudança de sistema. Agiremos em conseqüência. Se quiserem, enfim, compreender que não deve mais existir ódio e desigualdade entre os homens e que todos devem trabalhar, tanto melhor; se, ao contrário, eles tencionam continuar a gozar os frutos de suas violências e dos roubos perpetrados por eles ou por seus pais, então, tanto pior para eles; tomaram à força tudo o que possuem; pela força também nós o recuperaremos. Se os pobres souberem entender-se, eles serão os mais fortes.

TIAGO

Mas, então, quando não houver mais senhores, como faremos para viver? Quem dará trabalho?

PEDRO

Que pergunta! Mas vês todos os dias como isso ocorre; sois vós que revolveis a terra, semeais e ceifais; sois vós que bateis os grãos e os levais ao celeiro; sois vós que fazeis o vinho, o azeite e o queijo, e me perguntas como fareis para viver sem os senhores? Pergunta-me, ao contrário, como os senhores fariam para viver se não estivéssemos aqui, nós, pobres imbecis, trabalhadores do campo e da cidade, que penamos para alimentá-los e vesti-los e que os deixamos pegar nossas filhas a fim de que eles possam divertir-se.

Há pouco, queríeis agradecer aos patrões porque eles vos fazem viver. Não compreendeis, pois, que são eles que vivem de vosso trabalho, e que cada pedaço de pão que eles comem é retirado de vossos filhos? Que cada presente que eles dão às suas mulheres representa a miséria, a fome, o frio, talvez até mesmo a prostituição para os vossos?

O que esses senhores produzem? Nada. Portanto, tudo o que consomem é retirado dos trabalhadores.

Suponhamos que amanhã todos os trabalhadores do campo desaparecessem; não haveria mais ninguém para trabalhar a terra e todo mundo morreria de fome. Que os sapateiros desaparecessem, não mais se fariam sapatos; que os pedreiros desaparecessem, não se poderia mais construir casas, e assim por diante. Se cada classe de trabalhadores viesse a faltar uma após outra, com ela desapareceria um ramo da produção e o homem deveria privar-se dos objetos úteis ou necessários.

Mas qual prejuízo teríamos com o desaparecimento desses senhores? Seria como se desaparecessem os gafanhotos.

TIAGO

Sim, somos nós, com efeito, que produzimos tudo; mas como eu faria para produzir trigo se não tenho nem a terra, nem animais, nem sementes? Crê-me, não tem como ser de outro modo; é preciso necessariamente estar sob a dependência dos patrões.

PEDRO

Vejamos, Tiago, se nos compreendemos. Se não estou equivocado, eu já te disse que é preciso retirar dos senhores o que serve para trabalhar e viver: a terra, as ferramentas, as sementes, tudo. Bem sei que, enquanto a terra e os instrumentos de trabalho pertencerem aos senhores, o trabalhador deverá ser sempre um vassalo, e não colherá senão escravidão e miséria. Eis por que, guarda bem isso, a primeira coisa a fazer é tomar a propriedade dos burgueses; sem isso, o mundo nunca poderá melhorar.

TIAGO

Tu tens razão, já o tinhas dito. Mas, o que queres, essas são para mim coisas tão novas que eu me perco.

Mas me explica um pouco como gostarias de fazer. Essa propriedade tomada dos ricos, o que faríamos com ela? Nós as partilharíamos, não é?

PEDRO

Absolutamente, não! E quando ouvires dizer que queremos partilhar, que queremos tomar o lugar daqueles que possuem, saiba que aquele que diz isso é um ignorante ou um celerado.

TIAGO

Mas, então? Não compreendo mais nada.

PEDRO

Contudo, não é difícil: queremos pôr tudo em comum.

Partimos desse princípio segundo o qual todos devem trabalhar e que todos devem ser o melhor possível. Neste mundo, não podemos viver sem trabalhar; se um homem não trabalhasse, ele deveria viver do trabalho dos outros, o que é injusto e nocivo. Todavia, evidentemente, quando digo que todos devem trabalhar, quero dizer todos aqueles que podem fazê-lo. Os estropiados, os impotentes, os velhos devem ser sustentados pela sociedade, porque é um dever humanitário não fazer ninguém sofrer; de resto, todos nos tornaremos velhos, e podemos nos tornar estropiados ou impotentes de um momento para o outro, tanto nós quanto aqueles que nos são caros.

Agora, se refletires bem, verás que todas as riquezas, quer dizer, tudo o que existe de útil ao homem, podem dividir-se em duas partes. Uma, que compreende a terra, as máquinas e todos os instrumentos de trabalho, o ferro, a madeira, as pedras, os meios de transporte etc. etc., é indispensável para trabalhar e deve ser posta em comum, para servir a todos como instrumento de trabalho. Quanto ao mundo de trabalho, é uma coisa que veremos mais tarde. O melhor seria, creio, trabalhar em comum porque, dessa maneira, produz-se mais com menos fadiga. Por sinal, é certo que o trabalho em comum será adotado em toda parte, pois, para trabalhar, cada um separadamente, seria preciso renunciar à ajuda das máquinas que simplificam e diminuem o trabalho do homem. De resto, quando os homens não precisarem mais retirar, uns dos outros, o pão da boca, não serão mais como cães e gatos e encontrarão prazer de estar juntos e fazer as coisas em comum. Deixar-se-á, evidentemente, trabalhar sozinhos aqueles que desejarem fazê-lo; o essencial é que ninguém possa viver sem trabalhar, obrigando assim os outros a trabalhar para um terceiro; mas isso não poderá mais acontecer. Com efeito, cada um tendo direito à matéria do trabalho, ninguém desejará, certamente, pôr-se a serviço de um outro.

A outra parte das riquezas compreende as coisas que servem diretamente às necessidades do homem, como os alimentos, as roupas, as casas. Estas, é preciso colocá-las em comum e distribuí-las de modo que se possa ir até a nova colheita e esperar que a indústria tenha fornecido novos produtos. Quanto às coisas que serão produzidas após a revolução, quando já não haverá mais patrões ociosos vivendo das fadigas dos proletários famintos, elas serão repartidas segundo a vontade dos trabalhadores de cada localidade. Se estes querem trabalhar em comum, tanto melhor: buscar-se-á regular a produção de modo a satisfazer as necessidades de todos e o consumo de maneira a assegurar a todos o máximo de bem-estar, e tudo estará dito.

Se não se procede assim, será preciso calcular o que cada um produz a fim de que cada um possa pegar a quantidade de objetos equivalente à sua produção. E esse é um cálculo bastante difícil que, de minha parte, creio ser quase impossível; isso fará com que, quando se perceber a dificuldade da distribuição proporcional, aceitar-se-á mais facilmente a idéia de pôr tudo em comum.

Mas, de toda maneira, será necessário que as coisas de primeira necessidade, como os pães, as habitações, a água e as coisas desse tipo sejam asseguradas a todos independentemente da quantidade de trabalho que cada um pode fornecer. Qualquer que seja a organização adotada, a herança não deve mais existir, porque não é justo que um encontre ao nascer a riqueza e o outro a fome e o trabalho. Mesmo se admitirmos a idéia de que cada um é senhor do que produziu e pode fazer economias por sua conta pessoal, será preciso que, ao morrer, essas economias voltem à comunidade.

As crianças, contudo, deverão ser criadas e instruídas à custa de todos, e de maneira a proporcionar-lhes o maior desenvolvimento e a melhor instrução possível. Sem isso, não haveria nem justiça nem igualdade; violar-se-ia o princípio do direito de cada um aos instrumentos de trabalho; não seria suficiente dar aos homens a terra e as máquinas se não se buscasse colocá-los em condição de servir-se delas o melhor possível.

Da mulher, não te digo nada porque, para nós, a mulher deve ser igual ao homem, e quando falamos do homem, queremos dizer a humanidade sem distinção de sexo.

TIAGO

Há uma coisa, contudo: tomar a fortuna dos senhores que roubaram e esfomearam as pobres pessoas, está bem; mas se um homem, por força de trabalho e economia, conseguiu pôr de lado um pouco de dinheiro, conseguiu comprar um pedaço de terra ou abrir um pequeno comércio, com que direito poderias retirar-lhe o que é realmente o fruto de seu trabalho?

PEDRO

Estás me dizendo uma coisa inimaginável. É impossível fazer economias hoje quando os capitalistas e o governo tomam a maior parte dos produtos; e deverias sabê-lo, tu que, depois de tantos anos de trabalho assíduo, estás tão pobre quanto antes. De resto, eu já te disse que cada um tem direito às matérias-primas e aos instrumentos de trabalho; e, por esse motivo, se alguém possuir um pequeno campo, desde que ele o lavre com suas mãos, poderá muito bem conservá-lo e, além disso, receberá as ferramentas aperfeiçoadas, o adubo e tudo o que for necessário para que possa fazer a terra produzir o máximo possível. Certamente, será preferível que se coloque tudo em comum, mas, para isso, não será necessário forçar ninguém, porque o mesmo interesse aconselhará todos a adotar o sistema do comunismo. Com a propriedade e o trabalho comum, tudo irá melhor do que com o trabalho isolado, tanto mais porque, com a invenção das máquinas, o trabalho isolado torna-se, relativamente, cada vez mais impotente.

TIAGO

Ah! As máquinas! Eis coisas que deveríamos destruir! São elas que quebram os braços e tomam o trabalho da pobre gente. Aqui, em nossa região, pode-se contar que, cada vez que chega uma máquina, nosso salário diminui, e alguns de nós ficam sem trabalho, forçados a ir embora para não morrer de fome. Na cidade, isso deve ser pior. Se ao menos não houvesse máquinas, os proprietários precisariam muito mais de nosso trabalho e viveríamos um pouco melhor.

PEDRO

Tens razão, Tiago, em crer que as máquinas são uma das causas da miséria e da falta de trabalho, mas se deve ao fato de elas pertencerem aos ricos. Se pertencessem aos trabalhadores, seria o contrário: elas seriam a causa principal do bem-estar da humanidade. Com efeito, as máquinas não fazem senão trabalhar em nosso lugar e mais rápido do que nós. Graças às máquinas, o homem não terá mais necessidade de trabalhar por longas horas para satisfazer suas necessidades e não estará mais condenado a penosos trabalhos que esgotam suas forças físicas. Eis por que, se as máquinas fossem aplicadas a todos os ramos da produção e pertencessem a todos, poderíamos, em algumas horas de trabalho leve e agradável, satisfazer a todas as necessidades do consumo, e cada operário teria tempo para instruir-se, manter relações de amizade, viver, em resumo, e usufruir da vida, tirando proveito de todas as conquistas da civilização e da ciência. Assim, lembra-te bem, não devemos destruir as máquinas, devemos nos apoderar delas. E depois, saiba que os senhores cuidariam tanto de defender suas máquinas daqueles que quisessem destruí-las quanto daqueles que tentassem apoderar-se delas; portanto, visto que seria necessário realizar o mesmo esforço e correr os mesmos perigos, seria uma grande estupidez destruí-las em vez de tomá-las. Gostarias de destruir o trigo e as máquinas se houvesse meio de partilhá-los entre todos? Certamente, não. Pois bem! É preciso agir do mesmo modo em relação às máquinas porque, se elas são, nas mãos dos patrões, os instrumentos de nossa miséria e de nossa servidão, tornar-se-ão em nossas mãos instrumentos de riqueza e de liberdade.

TIAGO

Mas para que tudo corra bem com esse sistema, seria necessário que todos trabalhassem de boa vontade. Não é?

PEDRO

Certamente.

TIAGO

E se há aqueles que querem viver sem trabalhar? A fadiga é dura e não agrada nem mesmo os cães.

PEDRO

Confundes a sociedade tal como é hoje, com a sociedade tal como será após a revolução. A fadiga, disseste, não agrada nem mesmo os cães; mas poderias permanecer jornadas inteiras sem fazer nada?

TIAGO

Claro que não, estou habituado ao trabalho, e quando não tenho nada para fazer, tenho a impressão de que minhas mãos coçam; mas há muitos que permaneceriam o dia todo no bar jogando baralho ou flanando por aí.

PEDRO

Hoje; mas após a revolução, não será a mesma coisa e te direi por quê. Hoje, o trabalho é penoso, mal remunerado e desprezado. Hoje, aquele que trabalha deve matar-se de fadiga, morrer de fome e ser tratado como uma besta de carga. Aquele que trabalha não tem nenhuma esperança; sabe que deverá acabar sua vida no hospital se não terminá-la nas galés; sem poder cuidar de sua família, nada usufrui da vida e sofre continuamente maus tratos e humilhações de todos os tipos. Aquele que não trabalha, ao contrário, goza de todo conforto; é respeitado, estimado; todas as honrarias, todos os prazeres são para ele. Mesmo entre os operários, aquele que

MALATESTA

trabalha menos e faz as coisas menos penosas ganha mais e é mais estimado. O que há de surpreendente, então, que as pessoas trabalhem com repugnância e agarrem com ardor a oportunidade de não fazer nada?

Quando, ao contrário, o trabalho se faz em condições humanas, por um tempo razoável, e conforme às leis de higiene; quando o trabalhador souber que trabalha para o bem-estar dos seus e de todos os homens; quando o trabalho for a condição indispensável para ser estimado na sociedade e que o preguiçoso estiver sujeito ao desprezo público como hoje o espião e o intermediário, quem desejará renunciar à alegria de saber-se útil e amado, para viver num ócio tão funesto a seu corpo quanto a seu espírito?

Hoje mesmo, à parte algumas exceções, todo mundo experimenta uma repugnância invencível, bem como instintiva, pelo ofício de alcagüete ou de intermediário. E, contudo, fazendo esses trabalhos abjetos, ganham muito mais que lavrando a terra; trabalham pouco ou nada e são mais ou menos protegidos pela autoridade. Mas como são trabalhos infames, que exprimem uma profunda abjeção moral, quase todos os homens preferem a miséria a essa infâmia. Há, é verdade, exceções; há homens fracos e corrompidos que preferem a infâmia, mas é porque foram obrigados a escolher entre ela e a miséria. Quem, ao contrário, escolheria uma vida infame e desprezível se pudesse, trabalhando, fruir do bem-estar e da estima pública? É verdade, se tal fato viesse a produzir-se, seria tão contrário ao natural do homem que se deveria considerá-lo como um caso qualquer de loucura.

E não duvides: a reprovação pública contra a preguiça não deixaria de ocorrer, porque o trabalho é a primeira necessidade de uma sociedade; o preguiçoso não apenas causaria mal a todos ao viver do produto dos outros, sem contribuir por seu trabalho às necessidades da comunidade, como também romperia a harmonia da nova sociedade e seria o elemento de um partido de descontentes que poderia desejar o retorno ao passado. As coletividades são como os indivíduos: elas amam e honram o que é ou que crêem ser útil; elas odeiam e desprezam o que sabem ou crêem saber nocivo. Podem enganar-se e enganam-se muito freqüentemente; todavia, no caso em questão, o erro não é possível, porque é bem evidente que aquele que não trabalha, come e bebe à custa dos outros, causa mal a todos.

Para provar isso, supõe que estás associado a outros homens para fazer em comum um trabalho do qual partilhareis o produto em partes iguais; certamente tereis consideração por aqueles de vossos companheiros que são fracos ou inábeis; quanto aos preguiçosos, tornareis a vida deles tão dura que eles vos deixarão ou logo terão vontade de trabalhar. É o que ocorrerá na grande sociedade, quando a preguiça de alguns produzir um sensível prejuízo.

E depois, em fim de contas, se não se pudesse avançar por causa daqueles que não quisessem trabalhar, o que penso ser impossível, seria fácil encontrar remédio para isso: eles seriam expulsos da comunidade. Assim, tendo direito apenas à matéria-prima e aos instrumentos de trabalho, eles se sentiriam forçados a trabalhar se quisessem sobreviver.

TIAGO

Começas a convencer-me; mas, diz-me, todos os homens seriam obrigados a trabalhar na terra?

PEDRO

Por que isso? O homem não necessita apenas de pão, vinho e carne; ele também precisa de casas, roupas, livros, em resumo, de tudo aquilo que os trabalhadores de todos os ofícios produzem, e ninguém pode prover sozinho todas as suas necessidades. De saída, para lavrar a terra, não necessitamos do ferreiro e do marceneiro que fazem as ferramentas, e, na

MALATESTA

seqüência, do mineiro que retira o ferro e do pedreiro que constrói as casas, as lojas e assim por diante? Não foi dito que todos lavrarão a terra, mas que todos farão trabalhos úteis.

A variedade dos ofícios permitirá a cada um, por sinal, escolher o trabalho que lhe convirá melhor e, assim, ao menos na medida do possível, o trabalho não será mais para o homem senão um exercício, uma diversão ardentemente desejado.

TIAGO

Assim, cada um será livre para escolher o ofício que quiser?

PEDRO

Certamente, tendo cuidado para que os braços não se orientem exclusivamente para algumas profissões e faltem às outras. Como se trabalhará no interesse de todos, deve-se proceder de modo que tudo que é necessário seja produzido, conciliando tanto quanto possível o interesse geral e as preferências individuais. Mas verás que tudo se arranjará da melhor forma quando não existirem mais os patrões que nos fazem trabalhar por um pedaço de pão, sem que possamos nos indagar para que e para quem serve nosso trabalho.

TIAGO

Dizes que tudo se arranjará, e eu, ao contrário, creio que ninguém desejará fazer os ofícios penosos; todos desejarão ser advogados ou doutores. Quem lavrará a terra? Quem quererá arriscar sua saúde e sua vida nas minas? Quem desejará entrar em poços escuros e tocar no estrume?

PEDRO

Ah! Quanto aos advogados, deixa-os de lado, pois eles, tais como os padres, são uma gangrena que a revolução social fará desaparecer completamente. Falemos dos trabalhos úteis e não daqueles realizados em detrimento do próximo; caso contrário, deverá ser considerado também como trabalhador o assassino das ruas que amiúde deve suportar grandes sofrimentos.

Hoje preferimos uma profissão a uma outra, não porque ela seja mais ou menos conforme às nossas faculdades e aos nossos gostos, mas porque é mais fácil aprender, porque ganhamos ou esperamos ganhar mais, porque pensamos encontrar mais facilmente ocupação, e, em segunda linha apenas porque tal ou qual trabalho pode ser menos penoso do que um outro. Em suma, a escolha de uma profissão é-nos sobretudo imposta por nosso nascimento, pelo acaso e pelos preconceitos sociais. Por exemplo, o ofício de lavrador é um ofício que não agradaria a nenhum citadino, mesmo entre os mais miseráveis. Entretanto, a agricultura nada tem de repugnante em si, e não faltam prazeres à vida no campo. Muito pelo contrário; se leres os poetas, tu os verás cheios de entusiasmo pela vida campestre. Mas a verdade é que os poetas que escrevem livros nunca lavraram a terra, enquanto os cultivadores matam-se de fadiga, morrem de fome, vivem pior que os animais e são tratados como gentalha, de tal modo que o último vagabundo das cidades sinta-se ofendido ao ser tratado de camponês. Como queres, então, que as pessoas trabalhem de bom grado a terra? Nós mesmos, que nascemos no campo, o abandonamos na primeira oportunidade, porque, o que quer que façamos, estamos melhor longe dele e mais respeitados. Mas quem de nós gostaria de abandonar o campo se trabalhasse por sua conta e encontrasse no trabalho da terra bem-estar, liberdade e respeito?

O mesmo ocorre com todos os ofícios, porque hoje o mundo é feito de tal forma que, quanto mais um trabalho é necessário, penoso, mais mal retribuído, desprezado, ele é, e realizado em condições sub-humanas. Por exemplo, vai a um ateliê de ourives e descobrirás que, em comparação com imun-

dos casebres nos quais vivemos, o local é limpo, bem arejado, | 57
aquecido no inverno; que o trabalho cotidiano não é muito
longo e que os operários, embora mal remunerados, pois o
patrão toma-lhes ainda a melhor parte da produção, são, contudo, bastante bem tratados em relação aos outros trabalhadores; a noite para eles é uma festa; quando retiram as vestes
de trabalho, vão aonde querem sem temer que as pessoas os
meçam da cabeça aos pés ou os ridicularizem. Ao contrário,
vai a uma mina e vereis as pobres pessoas que trabalham sob
a terra, em uma atmosfera pestilenta, e consomem em poucos
anos suas vidas por um salário irrisório; se, por acaso, depois
de terem acabado o trabalho, permitem-se ir ao local onde se
reúnem os senhores, dêem-se por felizes se não são expulsos
senão por zombarias! Como surpreender-se depois disso que
um homem prefira ser ourives a mineiro?

Não digo nada daqueles que não manejam outra ferra-
menta senão a pena. Imaginai isso: um homem que só es-
creve péssimos artigos de jornais ganha dez vezes mais do que
um camponês, e é estimado bem mais que um honesto trabalhador.

Por exemplo, os jornalistas trabalham em salas elegan-
tes, os sapateiros em tristes barracos; os engenheiros, os médicos, os artistas, os professores, quando eles têm trabalho e
conhecem bem seu ofício, vivem como senhores; os pedreiros,
ao contrário, os impressores, os operários de todos os tipos, e
pode-se também acrescentar os mestres-escolas, morrem de
fome mesmo se matando de tanto trabalho. Não quero dizer com isso, entenda-me bem, que só o trabalho manual seja
útil, pois o estudo é, ao contrário, o único meio de vencer a
natureza, civilizar-se e adquirir mais liberdade e bem-estar;
os médicos, os engenheiros, os químicos, os professores são tão
úteis e necessários na sociedade moderna quanto os camponeses e os operários. Quero dizer apenas que todos os trabalhos
úteis devem ser igualmente apreciados e feitos de tal sorte

que o trabalhador encontre igual satisfação em fazê-los; também quero dizer que os trabalhos intelectuais, que são por eles mesmos um grande prazer, que dão ao homem uma grande superioridade sobre aquele que permanece na ignorância, devem ser acessíveis a todos e não permanecer o privilégio de uma minoria.

TIAGO

Mas se dizes que o trabalho intelectual é um grande prazer e dá uma vantagem sobre aqueles que são ignorantes, está claro que todos desejarão estudar; eu serei o primeiro. E nesse caso, quem fará os trabalhos manuais?

PEDRO

Todos, porque ainda que estudando letras ou ciências, deve-se fazer também um trabalho físico; todos devem trabalhar com a cabeça e os braços. Esses dois tipos de trabalho, longe de serem nocivos um ao outro, sustentam-se, porque o homem, para estar bem, necessita exercer todos os seus órgãos: o cérebro tanto quanto os músculos. Aquele que tem a inteligência desenvolvida e está habituado a pensar obtém melhores resultados no trabalho manual, e aquele que se encontra em boa saúde, como é o caso quando se exerce seus membros em condições higiênicas, tem também o espírito mais desperto e mais penetrante.

De resto, visto que os dois tipos de trabalho são necessários, porquanto um deles é mais agradável que o outro e que, graças a ele, o homem adquire a consciência e a dignidade, não é justo que uma parte da humanidade seja condenada ao embrutecimento do trabalho exclusivamente manual, para deixar a alguns homens apenas o privilégio da ciência e, em conseqüência, do poder; assim, repito-o, todos devem trabalhar ao mesmo tempo física e intelectualmente.

TIAGO

Isso também compreendo; mas, entre os trabalhos manuais, sempre haverá aqueles que serão mais duros e outros fáceis, uns belos e outros feios. Quem desejará, por exemplo, tornar-se mineiro ou limpador de fossas?

PEDRO

Se soubesses, meu caro Tiago, quantas invenções e quantos estudos foram feitos e se faz todos os dias, compreenderias que, mesmo hoje, se a organização do trabalho não dependesse daqueles que não trabalham, e que, por conseqüência, não se preocupam absolutamente com o bem-estar dos trabalhadores, mesmo hoje todas os ofícios manuais poderiam ser exercidos em condições tais que eles nada mais teriam de repugnante, malsão e demasiado penoso, e, por conseqüência, poderiam ser exercidos pelos trabalhadores que os escolheriam voluntariamente. Se isso é possível atualmente, imagina, então, o que aconteceria no dia em que, com todos trabalhando, os esforços e os estudos de todos seriam dirigidos de modo a tornar o trabalho menos pesado e mais agradável!

E se, depois disso, ainda houvesse ofícios que continuassem a ser mais duros que os outros, buscar-se-ia compensar essa desigualdade por meio de certas vantagens; sem contar que, quando todos trabalham em comum no interesse de todos, vemos nascer esse espírito de fraternidade e condescendência que é próprio da família, de sorte que, bem longe de querer poupar uma fadiga, cada um busca fazer as coisas mais penosas.

TIAGO

Tens razão, mas se tudo isso não ocorrer, como se fará?

PEDRO

Pois bem! Se, apesar de tudo, ainda houvesse trabalhos necessários que ninguém quisesse fazer por livre escolha, então os faríamos todos, cada um um pouco, trabalhando, por exemplo, um dia por mês, uma semana por ano ou outra coisa. Mas fica tranqüilo, se uma coisa é necessária a todos, encontrar-se-á o meio de fazê-la. Hoje não aceitamos ser soldados para agradar os outros? Não vamos combater contra pessoas que não nos fizeram nenhum mal, e, inclusive, contra nossos amigos e irmãos? Será melhor, creio, ser trabalhadores para nosso prazer e para o bem-estar de todos.

TIAGO

Sabes que começas a persuadir-me? Entretanto, há ainda algo que não entra muito bem na minha cabeça. É uma coisa muito séria retirar a propriedade dos senhores. Não sei, mas... não haveria um meio de agir de outro modo?

PEDRO

E como queres fazer? Enquanto a propriedade permanecer nas mãos dos ricos, são eles que comandarão e buscarão seus interesses sem se ocupar dos nossos, como eles fizeram desde que o mundo é mundo. Mas por que não queres tomar a propriedade dos senhores? Crês, por acaso, que seria algo injusto, uma má ação?

TIAGO

Não. Depois do que me disseste, parece-me que seria algo muito bom, visto que, tomando-a deles, também arrancaremos deles nossa carne da qual eles se empanturram. Além do mais, se tomamos a riqueza, não é somente para nós, é para colocá-la em comum e fazer o bem de todos, não é?

PEDRO

Sem dúvida, e se examinares bem a questão, verás que os próprios senhores ganharão com isso. Certamente, deverão cessar de comandar, fazer-se de orgulhosos e ser preguiçosos; deverão pôr-se a trabalhar, mas quando o trabalho se fizer com

MALATESTA

a ajuda das máquinas, e com uma grande preocupação pelo bem-estar dos trabalhadores, ele se reduzirá a um útil e agradável exercício. Atualmente os senhores não vão caçar? Não fazem equitação, ginástica e outros exercícios que provam que o trabalho muscular é uma necessidade e um prazer para todos os homens sadios e bem nutridos? Trata-se, pois, para eles, de fazer pela produção esse trabalho que eles hoje fazem por pura diversão. Por sinal, quantos benefícios extrairiam do bem-estar geral! Observe, por exemplo, em nossa localidade: os poucos proprietários existentes são ricos e brincam de principezinhos; todavia, enquanto isso, as ruas são feias e sujas, tanto para eles como para nós; o ar malcheiroso emanado dos casebres e dos paludes da vizinhança torna-os doentes como nós; eles não podem sozinhos, com suas fortunas particulares, melhorar a região, coisa que se faria facilmente com o concurso de todos. Nossa miséria atinge-os, portanto, indiretamente. E tudo isso, sem contar o medo contínuo no qual vivem de serem assassinados ou verem uma revolução violenta.

Assim, como podes constatar, só faríamos bem aos senhores tomando-lhes a fortuna. É verdade que eles não entendem isso e que nunca entenderão, porque querem comandar e pensam que os pobres são inferiores a eles. Mas o que nos importa? Se não querem concordar de boa vontade, tanto pior para eles, saberemos obrigá-los a isso.

TIAGO

Tudo isso é justo; mas não se poderia buscar fazer as coisas pouco a pouco, por um acordo mútuo? Deixar-se-ia a propriedade àqueles que a possuem, sob a condição, contudo, que eles aumentem os salários e nos tratem como seres humanos. Assim, gradualmente, poderíamos economizar um pouco, comprar também um pedaço de terra, e, então, quando fôssemos todos proprietários, colocaríamos tudo em comum como dizes. Ouvi alguém que propunha algo parecido.

PEDRO

Compreenda bem: para entrar amigavelmente em acordo, só há um meio: os proprietários devem renunciar voluntariamente às suas propriedades. Mas não se deve esperar isso, e bem o sabes.

Enquanto existir propriedade individual, isto é, enquanto a terra, em vez de pertencer a todos, pertencer a um ou outro, sempre haverá miséria e tudo irá de mal a pior. Com a propriedade individual, cada um busca levar água a seu moinho, e os proprietários não apenas procuram dar aos trabalhadores o mínimo possível, mas ainda fazem guerra entre eles: em geral, cada um busca vender seus produtos o mais caro que pode, e cada comprador, de seu lado, busca pagar o menor preço possível. Então, o que acontece? Os proprietários, os fabricantes, os grandes negociantes, que têm os meios de fabricar e vender a atacado, de prover-se de máquinas, de aproveitar-se de todas as condições favoráveis do mercado e aguardar para vender em um momento favorável, e até mesmo vender abaixo do preço de custo durante algum tempo, acabam por arruinar os pequenos proprietários e negociantes, que caem na pobreza e devem, eles e seus filhos, ir trabalhar como diaristas. Assim (e é uma coisa que vemos todos os dias) os patrões que trabalham sozinhos, ou com poucos operários, são forçados, depois de uma luta dolorosa, a cerrar as portas e ir procurar trabalho nas grandes fábricas; os pequenos proprietários, que não podem nem mesmo pagar os impostos, devem vender a terra cultivada e a casa aos grandes proprietários, e assim por diante. De tal sorte que, se um proprietário tendo bom coração quisesse melhorar as condições de seus trabalhadores, ele se colocaria em situação de não mais poder suportar a concorrência; seria infalivelmente arruinado.

MALATESTA

Por outro lado, os trabalhadores, pressionados pela fome, devem fazer concorrência entre si, e, como há mais braços disponíveis do que trabalho (não que, no fundo, falte trabalho, mas porque os patrões têm interesse em não aumentar o trabalho), eles devem mutuamente arrancar-se o pão da boca e, se trabalha por tal ou qual soma, sempre haverá um outro operário que fará pela metade do preço o mesmo trabalho.

Isso acontece graças a essa situação segundo a qual todo progresso torna-se uma infelicidade. Inventa-se uma máquina; logo um grande número de operários permanece sem trabalho; sem remuneração não podem consumir e, assim, indiretamente, retiram o trabalho dos outros. Na América, agora são lavrados imensos espaços e produz-se grande quantidade de grãos; os proprietários americanos, sem se interessar, evidentemente, por saber se na América as pessoas saciam sua fome, enviam o trigo para a Europa para ganhar mais. Aqui, o preço do trigo baixa, mas a situação dos pobres, em vez de melhorar, piora, pois os proprietários, sem poder competir com esse preço, não cultivam mais a terra ou só uma pequena parte na qual o solo é mais produtivo; em conseqüência, um grande número de trabalhadores permanece desocupado. O trigo custa pouco, é verdade, mas a pobre gente não ganha nem mesmo uns trocados para comprá-lo.

TIAGO

Agora compreendo. Ouvi dizer que não queriam fazer vir o trigo do exterior; parecia-me uma grande patifaria recusar assim esse alimento; eu pensava que os burgueses queriam esfomear o povo. Mas vejo agora que eles tinham suas razões.

PEDRO

Não, não, porque se o trigo não vem, é ruim de um outro ponto de vista. Os proprietários, então, por não temer mais a concorrência externa, vendem ao preço que querem e...

ENTRE CAMPONESES

TIAGO

O que fazer, então?

PEDRO

O que fazer? Eu já te disse: é preciso pôr tudo em comum. Assim, quanto mais produtos tivermos, melhor será...

TIAGO

Diz-me uma coisa... e se se fizesse um acordo com os proprietários? Eles forneceriam a terra e o capital, e nós o trabalho, e partilharíamos a produção. O que dizes disso?

PEDRO

Antes de mais nada, se quisesses partilhar, teu patrão não concordaria. Seria necessário empregar a força para obrigá-lo a isso. Então, por que fazer as coisas pela metade e contentar-se com um sistema que deixa subsistir a injustiça e o parasitismo e impede o crescimento da produção? E de que direito certos homens, que não trabalham, viriam tomar a metade do que os trabalhadores produzem?

Por sinal, como eu já te disse, não apenas a metade dos produtos será dada aos patrões, mas ainda a soma total desses produtos seria inferior ao que poderia ser, porque, com a propriedade particular e o trabalho parcelado, produz-se menos do que com o trabalho em comum. É a mesma coisa que para erguer uma rocha: cem homens podem tentar isoladamente, não conseguirão fazê-lo; dois ou três, agindo ao mesmo tempo a erguerão sem muito esforço. Se um homem quiser fazer um alfinete, quem sabe se conseguirá fazê-lo em uma hora; mas dez homens juntos fazem milhares deles por dia. E quanto mais se avançar, mais se deverá trabalhar em comum para pôr as descobertas da ciência em proveito de todos.

Todavia, em relação a isso, quero responder a uma objeção que nos fazem freqüentemente.

Os economistas, que são as pessoas pagas pelos ricos para

MALATESTA

estes ouvirem que eles têm o direito de ser ricos à custa do trabalho alheio, os economistas e todos os sapientes pançudos dizem amiúde que a miséria não depende do açambarcamento da propriedade pelas altas classes, mas em decorrência da falta de produtos naturais; segundo eles, esses produtos seriam completamente insuficientes, se fossem distribuídos a todos. Dizem isso, evidentemente, a fim de poder concluir que a miséria é uma coisa fatal, contra a qual nada pode ser feito: é assim que age o padre que vos mantém dóceis e submissos dizendo-vos que tal é a vontade de Deus. Mas não se deve crer numa única palavra disso. Os produtos da terra e da indústria, mesmo com a atual organização, são suficientes para que cada um possa viver no desafogo, e se não são ainda mais abundantes, é por culpa dos patrões que só pensam em ganhar o máximo possível e que chegarão, inclusive, a deixar alguns produtos estragarem-se para impedir a baixa dos preços. E, com efeito, enquanto sustentam que não há bastantes riquezas naturais, deixam incultos grandes espaços de terra, e um grande número de trabalhadores sem trabalho.

Mas a isso eles respondem que, mesmo que todas as terras fossem cultivadas e exploradas por todos os homens da maneira mais inteligente, a produção da terra sendo limitada enquanto o crescimento da população não o é, sempre chegaria um momento em que a produção dos gêneros alimentícios permaneceria estacionária enquanto a população aumentaria indefinidamente, e a penúria com ela. É por isso, dizem, que o único remédio aos males sociais é que os pobres não façam filhos ou, ao menos, um número reduzido. Pouco estudei e ignoro se seu princípio está correto, mas o que sei é que seu remédio não remedia nada. Vemos muito bem isso nas regiões onde a terra é abundante e a população pequena: há tanto ou mais miséria do que nas regiões onde a população é densa. É preciso, pois, mudar a organização social, cultivar todas as terras. Mais tarde, se a população tendesse a aumentar em demasia, seria o momento de pensar em limitar o número de filhos...

Mas retornemos à questão da partilha do produto entre o proprietário e o trabalhador. Esse sistema existia outrora para o trabalho no campo em algumas partes da França, como ainda existe na Toscana, mas desapareceu pouco a pouco porque é mais vantajoso para os proprietários fazer trabalharem por jornada. Hoje, com as máquinas, com a agricultura científica, com os produtos que vêm do exterior, tornou-se uma necessidade para os proprietários adotarem a grande cultura feita por operários assalariados; aqueles que não o fizerem serão arruinados pela concorrência.

Para concluir em poucas palavras, eu te direi que se o sistema atual perpetua-se, eis quais serão os resultados: a propriedade se concentrará cada vez mais nas mãos de um pequeno número e o trabalhador será reduzido à miséria pelas máquinas e pelos métodos de produção rápida. Assim, teremos alguns grandes proprietários, senhores do mundo, um pequeno número de operários ligados ao serviço das máquinas, além de serviçais e policiais para servir e defender os senhores. A massa do povo morrerá de fome ou viverá de esmolas. Já se começa a vê-lo: a pequena propriedade desaparece, aumenta o número de operários sem trabalho, e os senhores, seja por medo, seja por piedade de toda essa gente que morre de fome, organizam sopas populares.

Se o povo não quiser ser reduzido a mendigar seu pão à porta dos ricos e nas prefeituras, como outrora às portas dos conventos, ele só tem um meio: apoderar-se da terra e das máquinas e trabalhar por sua própria conta.

TIAGO

Mas se os governos fizessem boas leis para obrigar os ricos a não fazerem sofrer a pobre gente?

PEDRO

Voltamos sempre ao mesmo ponto. O governo é composto de proprietários, e não há razão para supor que essas pessoas queiram fazer leis contra eles próprios. E mesmo que os pobres, por sua vez, pudessem chegar a comandar, seria esta uma razão para deixar aos ricos os meios de recolocar os pés sobre nós? Creia-me, lá onde há ricos e pobres, estes podem erguer a voz por um momento, em tempo de revolta, mas os ricos acabam sempre comandando. É por isso que se conseguirmos ser por um momento os mais fortes, deveremos tomar imediatamente a propriedade dos ricos para que eles não tenham mais em mãos o meio de recolocar as coisas no estado anterior.

TIAGO

Compreendo. Devemos fazer uma boa *república*, tornar todos os homens iguais e aí então, aquele que trabalhar comerá, aquele outro que não fizer nada ficará de estômago vazio. Ah! Lamento ser velho; quanto a vós, os jovens, vereis uma bela época.

PEDRO

Devagar, amigo.

Entendes pelo termo *república* a revolução social e, para quem sabe te compreender, tens razão. Mas tu te exprimes mal, pois a república não é de modo algum o que queres dizer. Põe na cabeça que o governo republicano é um governo como os outros; apenas, em vez de um rei, há um presidente e ministros que têm, na realidade, os mesmos poderes. Vemos muito bem isso aqui na França, e ainda que tivéssemos a república democrática que os radicais nos prometem, seríamos mais avançados em quê? Em vez de duas Câmaras, teríamos apenas uma, aquela dos deputados; mas não continuaríamos a ser soldados, a trabalhar como escravos malgrado as promessas mirabolantes dos senhores deputados?

Como podes ver, enquanto houver ricos e pobres, são os ricos que comandarão. Estejamos em república ou em monarquia, os fatos que resultam da propriedade individual existirão sempre. Com a concorrência regulando as relações econômicas, a propriedade se concentrará em poucas mãos, as máquinas tirarão o trabalho dos operários e as massas serão reduzidas a morrer de fome ou a viver de esmolas. Por sinal, existem atualmente repúblicas, sem contar a nossa que prometia dar coisas maravilhosas; pois bem, elas proporcionaram uma melhoria à condição dos proletários?

TIAGO

Como assim? E eu que cria que república quisesse dizer igualdade!

PEDRO

Sim, são os republicanos que o dizem, e eles sustentam o seguinte raciocínio: "Na república", dizem, "os deputados, que fazem leis, são eleitos por todo o povo; por conseqüência, quando o povo não está contente, envia deputados melhores e tudo se arranja; ora, como são os pobres que são a grande maioria, são eles na realidade que comandarão."

Eis o que eles dizem, mas a realidade é bem diferente. Os pobres, que, pelo fato mesmo de serem pobres, são ao mesmo tempo ignorantes e supersticiosos, assim permanecerão, como querem os padres e os patrões, enquanto não desfrutarem da independência econômica e não tiverem a plena consciência de seus interesses.

Tu e eu, que tivemos a boa sorte de ganhar um pouco mais e de poder nos instruir um pouco, podemos ter a inteligência para compreender nossos interesses e a força de enfrentar a vingança dos patrões; mas a grande massa não poderá fazê-lo enquanto durarem as condições atuais. Diante da urna, não é como em tempo de revolução, no qual um homem corajoso

MALATESTA

vale cem tímidos e traz consigo muitos homens que nunca | 69
teriam tido, por si só, a energia de revoltar-se. Diante da urna,
o que conta é a maioria, e enquanto existirem padres e patrões,
a maioria estará sempre com os padres, que ameaçam com o
inferno, e com os patrões, que dão ou tiram o pão a quem bem
lhes apraz.

Não sabes, por acaso, que hoje, por exemplo, a maior parte
dos eleitores é composta de pobres? Entretanto, tu os vês esco-
lherem pobres como eles para representá-los e defender seus
interesses?

TIAGO

Ah! Quanto a isso não: eles sempre perguntam ao patrão
em quem devem votar e fazem como lhes é ordenado; de resto,
se não o fizerem, o patrão os demite.

PEDRO

Assim, como vês, não há nada a esperar do sufrágio universal. O povo enviará sempre burgueses ao Parlamento e os burgueses se arranjarão para manter o povo sempre ignorante e
escravo. Por sinal, mesmo que fossem enviados operários com
a melhor vontade do mundo, estes não poderiam fazer nada
nesse meio corrupto. É por isso que só há um meio de chegar
a um bom resultado: expropriar os ricos e dar tudo ao povo.
Na próxima revolução o povo não deverá deixar-se enganar
como o foi tantas vezes pelos republicanos. Fizeram-lhe crer
até aqui que a forma republicana era a melhor forma social
que pudesse existir, e foi prometendo-lhe mil maravilhas que
fizeram com que largasse o fuzil nos dias de revolução. Na
próxima vez, não deverão deixar-se enganar por vãs palavras
e deverão apoderar-se resolutamente da propriedade.

ENTRE CAMPONESES

70

TIAGO

Tens razão: fomos tantas vezes enganados que devemos abrir os olhos. Contudo, será necessário um governo, pois se não há ninguém para comandar, como as coisas funcionarão?

PEDRO

E por que precisamos ser comandados? Por que não cuidaríamos de nossos próprios interesses?

Aquele que comanda busca sempre seu benefício, e, seja por ignorância, seja por malevolência, trai o povo. O poder faz subir o orgulho à cabeça até mesmo dos melhores.

De resto, e essa é a principal razão de não querer nenhum chefe, é preciso que os homens cessem de ser conduzidos como um rebanho e habituem-se a pensar e a tomar conhecimento de sua dignidade e de sua força!

Para educar o povo, habituá-lo à liberdade e à gestão de seus interesses, é preciso deixá-lo agir por si mesmo, fazer-lhe sentir a responsabilidade de seus atos. Poderá enganar-se e causar mal amiúde, mas verá por si mesmo as conseqüências, compreenderá que causou mal e mudará de rumo; sem contar que o mal que o povo, entregue a si mesmo, poderá fazer não representa a milésima parte daquele que faz o melhor governo. Para que uma criança aprenda a andar, é necessário deixá-la andar por si só e não se apavorar com algumas quedas que ela fará.

TIAGO

Sim, mas para que a criança possa estar em condição de andar, é preciso que ela já tenha uma certa força nas pernas, caso contrário, deverá permanecer nos braços de sua mãe.

PEDRO

É verdade, mas os governos não se assemelham em nada a uma mãe, e não são eles que melhoram e fortalecem o povo; na realidade, os progressos sociais fazem-se quase sempre con-

MALATESTA

tra ou malgrado o governo. Este, no máximo, passa para a lei o que se tornou a necessidade e a vontade da massa, e ainda o estraga por seu espírito de dominação e monopólio. Há povos mais ou menos avançados; entretanto, em qualquer estado de civilização ou, inclusive, de barbárie, o povo cuidaria melhor de seus interesses com um governo emanado de seu seio.

Supões, pelo que vejo, que o governo é composto pelos mais inteligentes e mais capazes; mas não é nada disso porque, em geral, os governos são compostos, diretamente ou por delegação, por aqueles que têm mais dinheiro. Por sinal, o exercício do poder corrompe os melhores espíritos. Põe no governo homens até então excelentes. O que ocorrerá? Deixando de compreender as necessidades do povo, obrigados a ocupar-se dos interesses que a política cria, corrompidos pela falta de emulação e controle, ausentes do ramo de atividade na qual tinham uma competência real e obrigados a fazer leis sobre coisas das quais nunca tinham ouvido falar até então, acabarão por se crer de natureza superior, por constituir-se como casta e só se ocuparão do povo para frustrá-lo e mantê--lo no cabresto.

Seria melhor que nós mesmos cuidássemos de nossos interesses, colocando-nos de acordo com os trabalhadores dos outros ofícios e das outras localidades, não só da França e da Europa, mas do mundo inteiro, porque os homens são todos irmãos e têm interesse em apoiar-se mutuamente. Não te parece assim?

TIAGO

Sim, tens razão. Mas os maus, os ladrões, os bandidos, o que se fará deles?

PEDRO

De início, quando não houver mais miséria e ignorância, todas essas pessoas deixarão de existir. Mas admitindo que ainda existam alguns, seria esse um motivo para ter um governo e uma polícia? Nós próprios não podemos chamá-los à razão? Evidentemente, não os maltrataríamos como se faz hoje com os inocentes tanto quanto com os culpados, mas os colocaremos em situação de não causar danos, e faremos de tudo para recolocá-los no bom caminho.

TIAGO

Então, quando tivermos o socialismo, todos estarão felizes e contentes, e não haverá mais misérias, ódios, inveja, prostituição, guerras, injustiças?

PEDRO

Ignoro até que grau de felicidade a humanidade poderá chegar, mas estou convicto de que tudo será tão bom quanto seja possível. Por sinal, buscar-se-á melhorar as coisas cada vez mais, e os progressos não serão como hoje, em proveito de alguns, mas em proveito de todos.

TIAGO

Mas quando isso acontecerá?

Sou velho, e agora que sei que o mundo não será sempre tal como é hoje, desagradar-me-ia morrer sem ter visto ao menos um dia de justiça.

PEDRO

Quando isso acontecerá?

Realmente não sei. Isso depende de nós. Quanto mais trabalharmos para abrir os olhos das pessoas, mais cedo isso se realizará.

Entretanto, é preciso dizer o seguinte: antes deste século, esses que são hoje proprietários, burgueses, como os chamamos, eram subjugados de mil maneiras aos nobres e aos padres. Em 1789 eclodiu na França a grande revolução que, após muitas vicissitudes, acabou por libertar os burgueses e

MALATESTA

dar-lhes, com a liberdade, o poder. Em alguns anos, em 1889, muitas pessoas que dizem que esse ano verá realizar-se a re-
terminou o século em que se fez a revolução burguesa, e há
volução dos pobres, revolução que não se fará em proveito de
uma única classe, como aquela do século passado, mas para o
benefício de todos os seres humanos.[1]

Quando muita gente crê numa coisa desse tipo, ela acaba
por realizar-se; portanto, o ano de 1889 poderia muito bem
ser aquele de nossa libertação. Todavia, presta atenção: não
há nada de fatal nessa data; a revolução poderá ocorrer antes
ou depois.

Repito, isso depende de nós. Se trabalharmos para fazer a
revolução, ela ocorrerá em 1889 e mesmo antes; se, ao contrário, adormecermos, se esperarmos que as calhandras caiam as-
sadas do céu, séculos poderão transcorrer sem que ela ocorra.

TIAGO

Compreendo-te; mas visto que estamos juntos, eu gostaria
de te pedir ainda algumas explicações antes de despedirmo-
-nos. Freqüentemente ouço falar de *comunistas, socialistas,
internacionalistas, coletivistas, anarquistas*: o que significam
esses nomes?

PEDRO

Ah! Justamente, fazes muito bem em me perguntar isso,
porque nada é melhor do que nos entendermos quanto ao valor das palavras.

Assim, deves saber que os socialistas são aqueles que
crêem que a miséria é a principal causa de todos os males
sociais e que, enquanto não se eliminá-la, não se poderá ex-
tirpar nem a ignorância, nem a escravidão, nem a desigualdade política, nem a prostituição, nem qualquer um dos males
que mantêm o povo em tão horrível situação, e que, contudo,

---

[1] A primeira publicação desta brochura data de 1885.

ENTRE CAMPONESES

não são nada em relação aos sofrimentos que provêm diretamente da própria miséria. Os socialistas crêem que a miséria depende do fato segundo o qual a terra e todas as matérias-primas, as máquinas e todos os instrumentos de trabalho pertencem a um pequeno número de indivíduos que dispõem assim da vida de toda a classe operária e encontram-se em luta contínua e em concorrência, não apenas com os *proletários*, isto é, aqueles que nada possuem, mas ainda entre eles, pela posse da propriedade. Os socialistas crêem que abolindo a propriedade individual, ou seja, a causa, abolir-se-á ao mesmo tempo a miséria que é seu efeito. E essa propriedade pode e deve ser abolida porque a organização e a distribuição da riqueza devem fazer-se segundo o interesse atual dos homens, sem respeito pelos direitos, pretensamente adquiridos, que os burgueses agora se arrogam porque seus antepassados foram mais fortes, ou mais felizes, ou mais canalhas que os outros.

Portanto, como vês, o nome de *socialistas* designa todos aqueles que querem que a riqueza social sirva a todos os homens e que não haja mais nem proprietários nem proletários, nem ricos nem pobres, nem patrões nem empregados.

Há alguns anos, o termo era assim compreendido, e bastava dizer-se socialista para ser odiado e perseguido pelos burgueses que teriam preferido cem vezes ver um milhão de assassinos a um único socialista. Mas quando os burgueses viram que, malgrado todas as suas perseguições e calúnias, o socialismo avançava; que o povo começava a abrir os olhos, então, pensaram que era preciso embaralhar as cartas para melhor enganar as pessoas, e muitos deles começaram a dizer que eles também eram socialistas, porque queriam o bem do povo e pensavam destruir ou *diminuir* a miséria. Outrora, diziam que a questão social, isto é, a questão da miséria, não existia; hoje, ao contrário, que o socialismo causa-lhes medo, afirmam que todo homem que estuda a questão dita social é também socialista, como se se pudesse denominar médico aquele que estuda uma doença não com a intenção de curá-la, mas de fazê-la durar.

É assim que hoje encontras pessoas que se dizem socialistas, entre os republicanos, entre os monarquistas, entre os clericais, entre os magistrados, enfim, em toda a parte, mas seu socialismo consiste em se fazer eleger deputados, por força de promessas que seriam incapazes de cumprir.

Assim, como vês, quando um homem te disser que é socialista, pergunta-lhe se ele quer abolir a propriedade individual e pôr os bens em comum. Se sim, abraça-o como um irmão; se não, desconfia dele, é um inimigo.

TIAGO

Então, és socialista! Compreendo. Mas o que querem dizer os termos *comunista* e *coletivista?*

PEDRO

Os comunistas e os coletivistas são uns e outros socialistas, mas eles têm idéias diferentes com relação ao que deverá ser feito depois que a propriedade tiver sido colocada em comum.

Os coletivistas dizem que cada trabalhador, ou melhor, cada associação de trabalhadores tem direito à matéria-prima e aos instrumentos de trabalho, e que cada um é dono do produto de seu próprio trabalho. Enquanto vive, faz dele o que bem quiser; quando morre, o que foi poupado retorna à associação. Seus filhos também têm os meios para trabalhar e usufruir do fruto de seu trabalho, mas deixá-los herdar seria um primeiro passo dado para a desigualdade e o privilégio. No que concerne à instrução, a educação das crianças, o cuidado dos velhos e dos enfermos e o conjunto dos serviços públicos, cada associação de trabalhadores daria tudo o que fosse necessário para suprir o que pudesse faltar aos membros da comunidade.

Os comunistas dizem o seguinte: visto que, para que

tudo caminhe bem, é preciso que os homens amem-se e considerem-se como membros de uma mesma família; porquanto a propriedade deve ser comum; uma vez que o trabalho, para ser produtivo e realizado por meio das máquinas, deve ser feito por grandes reuniões de operários; visto que, para beneficiar-se de todas as variedades do solo e das condições atmosféricas e fazer com que cada região produza o que melhor lhe convém, e uma vez que, para evitar, por outro lado, a concorrência e os ódios entre as diversas localidades, é necessário estabelecer uma solidariedade perfeita entre os homens do mundo inteiro, façamos uma coisa: em vez de correr o risco de confundir o que fizestes com o que eu fiz, trabalhemos todos e coloquemos tudo em comum; assim, *cada um dará à sociedade tudo o que suas forças lhe permitirem dar até que haja produtos suficientes para todos; e cada um pegará tudo de que necessitar, limitando suas necessidades apenas nas coisas que ainda não existem em abundância.*

TIAGO

Não vai tão rápido; antes de mais nada, explica-me o que significa a palavra *solidariedade*. Com efeito, tu me disseste que deve haver *solidariedade* entre os homens, e, a bem da verdade, eu não te compreendi muito bem.

PEDRO

Vejamos: em tua família, por exemplo, tudo o que ganhais, tu, teus irmãos, tua mulher e teus filhos, vós o colocais em comum; depois, preparais a sopa e comeis todos juntos, e, se não há o suficiente, todos vós ficais com um pouco de fome. Agora, se um de vós tem mais sorte, se ele consegue ganhar um pouco mais, é bom para todos vós; se, ao contrário, alguém fica sem trabalho ou adoece, é uma infelicidade para todos, pois, decerto, entre vós, aquele que não trabalha come, contudo, à mesa com todos, e aquele que adoece é, além do mais, causa de despesas maiores. É assim que, em vossa família, em vez de buscardes tomar o trabalho e o pão um do outro, buscais apoiar-vos mutuamente, porque o bem de um é o bem de todos, bem como o mal de um é também o mal de todos. Assim se afastam o ódio e a inveja, assim se desenvolve essa afeição recíproca que, ao contrário, nunca existe em uma família cujos interesses estão divididos.

É o que se chama *solidariedade*; é preciso, portanto, estabelecer entre os homens as mesmas relações do que aquelas que existem entre os membros de uma família bem unida.

TIAGO

Compreendi. Mas retornemos à questão abordada há pouco. Diz-me, és *coletivista* ou *comunista*?

PEDRO

No que me diz respeito, sou comunista porque me parece que se devemos ser amigos, não devemos sê-lo pela metade. O coletivismo ainda deixa subsistir germes de rivalidade e ódio. Mas vou mais longe. Mesmo quando alguém pudesse viver com o que ele próprio produz, o *coletivismo* seria sempre inferior ao *comunismo*, porque ele manteria os homens isolados e diminuiria assim suas forças e sua simpatia. Por sinal, como o sapateiro não pode comer seus sapatos nem o ferreiro alimenta-se de ferro; como o agricultor também não pode cultivar a terra sem os operários que preparam o ferro, fabricam as ferramentas, e assim por diante, seria portanto necessário organizar uma troca entre os diversos produtores, levando em conta o que cada um fez. Então, aconteceria necessariamente que o sapateiro, por exemplo, tentaria dar um grande valor aos seus sapatos e gostaria de receber em troca o máximo de dinheiro possível; de seu lado, o camponês buscaria dar-lhe o mínimo possível. Como resolver isso? O coletivismo, em suma, parece-me gerar uma quantidade de problemas muito difíceis de resolver e, com esse sistema, as coisas se embaralhariam facilmente.

O comunismo, ao contrário, não cria nenhuma dificuldade: todos trabalham e todos usufruem do trabalho de todos. Trata-se apenas de ver quais são as coisas de que necessitamos a fim de que todos sejam satisfeitos, e fazer com que todas essas coisas sejam produzidas em abundância.

TIAGO

Assim, com o *comunismo*, não haveria mais necessidade de dinheiro?

PEDRO

Nem de dinheiro, nem de outra coisa que o substitua. Nada que um registro dos objetos necessários e dos produtos para procurar manter sempre a produção à altura das necessidades.

A única dificuldade séria seria se muitos homens não quisessem trabalhar, mas eu já te falei dos motivos pelos quais o trabalho, que hoje é uma pena tão pesada, tornar-se-á um prazer e, ao mesmo tempo, uma obrigação moral à qual bem poucos indivíduos poderiam querer subtrair-se. Por sinal, se, por causa da má educação que recebemos, houvesse no começo da nova sociedade homens que recusassem trabalhar, estaríamos à vontade para deixá-los fora da comunidade, oferecendo-lhes a matéria-prima e as ferramentas. Assim, se quisessem comer, teriam de trabalhar. Mas verás que esses casos não se produzirão.

De resto, o que queremos realizar no presente momento é a colocação em comum do solo, da matéria-prima, dos instrumentos de trabalho, das moradias e de todas as riquezas existentes. Quanto ao modo de organização, o povo fará o que quiser. É só na prática que se poderá ver qual é o melhor sistema. Assim, pode-se prever que em muitos lugares será estabelecido o comunismo, em outros o coletivismo; quando se tiver visto a experiência de um e de outro, certamente escolher-se--á em todos os lugares o melhor dos dois sistemas.

TIAGO

Também compreendo isso. Todavia, diz-me, o que é então a *anarquia*?

PEDRO

Anarquia significa *sem governo*. Eu já te disse que o governo só serve para defender os burgueses, e quando se trata de nossos interesses, o melhor é ocuparmo-nos nós próprios deles. Em vez de eleger deputados e vereadores que fazem e desfazem leis às quais se deve obedecer, trataremos nós mesmos de nossos interesses, e quando, para pôr em execução nossas deliberações, for necessário encarregar alguém dessa função, nós lhe diremos para fazer de tal ou qual maneira, e não de outra. Se se tratar de uma coisa que não possa ser feita da primeira vez, encarregaremos aqueles que são capazes de ver, estudar e fazer-nos proposições; mas, de todo modo, nada se fará sem nossa vontade. E assim nossos delegados, em vez de serem indivíduos a quem demos o direito de comandar-nos, impor-nos leis, serão pessoas escolhidas entre as mais capazes, que não terão qualquer autoridade, mas apenas o dever de executar o que o povo tiver ordenado; em suma, encarregar-se-ão alguns de organizar as escolas, por exemplo, construir ruas e zelar pela troca dos produtos, assim como hoje se encarrega um sapateiro de fazer um par de sapatos. — Eis, em suma, o que é a anarquia.

TIAGO

Dá-me ainda algumas explicações. Diz-me como eu poderia ocupar-me, eu que sou um pobre ignorante, de todas as coisas que fazem os ministros e os deputados.

PEDRO

E o que eles fazem de bom, esses ministros e esses deputados, para que tenhas de lamentar-te de não saber fazê-lo? Eles fazem as leis e organizam a força pública para manter o povo sob o jugo no interesse dos proprietários. Eis tudo. Não precisamos dessa ciência.

É verdade que os ministros e os deputados ocupam-se de coisas que, em si mesmas, são boas e necessárias, mas é apenas para fazê-las funcionar em benefício de uma certa classe e deter seus progressos por regulamentos inúteis e vexatórios. Por exemplo, esses senhores ocupam-se das ferrovias; mas por que precisaríamos deles nisso? Não bastam os engenheiros, os mecânicos, os operários de todas as categorias? E as locomotivas não funcionarão mais quando os ministros, os deputados, os acionistas e outros parasitas tiverem desaparecido?

O mesmo em relação aos correios, telégrafos, navegação, instrução pública, hospitais, todas as coisas que são feitas por trabalhadores de diversas categorias e nas quais o governo só intervém para fazer mal.

A política, com efeito, como a entende o pessoal do governo, é uma arte difícil para nós, porque, na realidade, ela não tem nada a ver com os interesses reais das populações. Se, ao contrário, ela tivesse por objetivo satisfazer as verdadeiras necessidades do povo, então ela seria uma coisa mais difícil para um deputado do que para nós. Com efeito, o que queres que saibam deputados que residem em Paris, pertinente às necessidades de todas as comunas da França? Como queres que essa gente que, em geral, perdeu seu tempo a estudar grego e latim, que de resto não aprendeu, possa conhecer os interesses dos diferentes corpos de ofícios? As coisas seriam bem diferente se cada um se ocupasse das coisas que conhece e das necessidades que constata por si mesmo.

A revolução uma vez feita, será necessário proceder de baixo para cima, por assim dizer. O povo será dividido em co-

MALATESTA

munas, e, em cada comuna, há diversos corpos de ofícios que, imediatamente, pelo efeito do entusiasmo e sob o impulso da propaganda, constituir-se-ão em associações. Ora, quem conhece mais do que vós os interesses de vossa comuna e de vosso ofício?

Quando, em seguida, se tratar de pôr de acordo várias comunas e vários corpos de ofícios, os respectivos delegados levarão às assembléias especiais os desejos de seus mandantes e buscarão conciliar as necessidades com os desejos diversos. As deliberações serão sempre submetidas ao controle e à aprovação dos mandantes, de modo que os interesses do povo não serão negligenciados. E, assim, pouco a pouco, ocorrerá a conciliação do gênero humano.

TIAGO

Mas se numa localidade ou numa associação há quem seja de opinião diferente daquela dos outros, como se procederá? São os mais numerosos que se sobreporão, não é?

PEDRO

Em direito, não, porque, em relação à verdade e à justiça, o número não deve contar para nada, pois um único pode ter razão contra cem, contra cem mil, contra todos. Na prática, faz-se como é possível. Se a unanimidade não é obtida, aqueles que estão de acordo e que constituem a maioria agem em conformidade com sua idéia, nos limites de seu grupo, e se a experiência lhes dá razão, sem dúvida eles serão imitados. Em caso contrário, a prova é feita em favor da minoria, e age-se em conseqüência. Assim, será mantida a inviolabilidade dos princípios de igualdade e justiça sobre os quais deve estar embasada a sociedade.

Todavia, é importante ressaltar que as questões sobre as quais não se conseguir estar de acordo serão pouco numerosas e pouco importantes, porque já não haverá as divisões de interesses que existem hoje, porque cada um poderá escolher a localidade e a associação, isto é, os companheiros com os quais desejará viver, e, acima de tudo, porque não se tratará de tomar uma decisão senão sobre coisas claras, que cada um pode compreender, e dizendo respeito mais ao campo da prática, da ciência positiva do que àquele das teorias nas quais as opiniões variam sem fim. Quando se tiver encontrado, graças à experiência, a melhor solução de tal ou qual problema, tratar-se-á de persuadir as pessoas demonstrando-lhes a coisa de uma maneira prática, e não esmagá-las sob o peso de uma maioria de sufrágios. Não ririas, hoje, se convocassem os citadinos para votar quanto à época em que se deve fazer as semeaduras, quando já é algo consagrado pela experiência? E se isso ainda não estivesse perfeitamente determinado, recorrerias para fazê-lo ao voto e não à experiência?

É assim que se tratarão todos os interesses públicos ou privados. Persuade-te de que, fora da solidariedade, só há guerra e tirania, e esteja certo, por outro lado, de que, sendo a guerra e a tirania coisas nocivas para todos, os homens só serão senhores de seus destinos se eles se voltarem para a solidariedade, a fim de realizar nosso ideal de paz, prosperidade e liberdade universal.

TIAGO

Perfeitamente. Portanto, tu és socialista, e entre os socialistas, és especialmente comunista e anarquista. Por que também te chamam de *internacionalista*?

PEDRO

Porque faço parte da *Associação Internacional dos Trabalhadores*. Esta associação, chamada por abreviação de *Internacional*, era composta por pessoas de todos os países que seguiam os princípios dos quais procurei hoje te dar uma idéia.

Aqueles que ingressavam nessa associação, engajavam-se

MALATESTA

a propagar por todos os meios possíveis os princípios do *comunismo anárquico*, a combater toda esperança de concessões voluntárias por parte dos patrões e do governo ou de reformas graduais e pacíficas; comprometiam-se a despertar no povo a consciência de seus direitos e o espírito de revolta, a fim de que ele possa proceder, tão logo tenha a força para isso, à destruição do poder político, quer dizer, do governo, e à conquista do solo e de todas as riquezas existentes.

TIAGO

Por conseqüência, todos aqueles que abraçam os princípios comunistas anárquicos pertencem à Internacional?

PEDRO

Não necessariamente, porque se pode estar convicto da verdade de um princípio e, contudo, ficar em casa, sem se preocupar em propagar aquilo que se crê justo. Entretanto, para agir assim, é preciso ter uma convicção bem fraca e uma alma bem mal aguerrida, pois, quando se vê os terríveis males que afligem seus semelhantes e que se conhece o remédio, como se pode, se se tem um pouco de coração, permanecer inativo?

Aquele que não conhece a verdade não é culpado; mas o é enormemente aquele que, conhecendo-a, age como se a ignorasse.

Em seguida, por diferentes razões, perseguições, divisões, essa associação dissolveu-se, mas as idéias permanecem as mesmas, e indivíduos ou grupos disseminados continuam a propagar os mesmos princípios.

TIAGO

Muito bem; e eu também, quando tiver refletido um pouco a tudo isso que me disseste, eu me lançarei a propagar essas grandes verdades; se os burgueses me tratarem de bandido e malfeitor, eu lhes direi para virem trabalhar e sofrer como eu. Só depois disso eles terão o direito de falar.

APÊNDICE

EM PERÍODO ELEITORAL

LUÍS

Um bom vinho, hem, amigo!

CARLOS

É!... Não é ruim... mas é caro.

LUÍS

Caro? Não creio. Com todos os impostos, tanto do governo quanto do município, pagamos tudo o dobro de seu valor. Mas se isso ocorresse apenas com o vinho!... O pão, o aluguel, tudo nos custa os olhos da cara. E falta trabalho... e quando nos empregam, é por salários irrisórios. Já não temos meios para viver!... Mas em grande parte é por nossa culpa: todo o mal vem de nós. Se quiséssemos, logo remediaríamos isso; e, justamente, este seria um bom momento para acabar com essa situação.

CARLOS

Como, assim? Indica-me o meio.

LUÍS

Ora, é muito simples. És eleitor?

CARLOS

Ah! Ah! Que diabos pode te interessar que eu seja eleitor ou não?

LUÍS

Como, o que pode me interessar? És ou não?

EM PERÍODO ELEITORAL

CARLOS

Pois bem, se isso te interessa, sou eleitor; mas é como se eu não o fosse, pois eu nunca vou votar.

LUÍS

Eis tudo... todos iguais! E depois vós vos queixais! Não compreendes que sois vossos próprios assassinos e de vossas famílias? Sois de uma indolência e de um marasmo que merece a miséria na qual estagnais, e, pior ainda...

CARLOS

Epa, chega, chega... não te empolgues. Gosto de refletir e não peço nada mais do que ser persuadido. O que aconteceria, então, se eu fosse votar?

LUÍS

Mas como? É preciso refletir tanto assim? Quem faz as leis? Não são os deputados e os vereadores? Portanto, elegendo bons deputados e vereadores, teríamos boas leis, os impostos seriam menos pesados, o trabalho seria protegido e, por conseqüência, disso resultaria uma diminuição da miséria.

CARLOS

Bons vereadores e bons deputados? Há muito tempo cantam isso para nós, e seria preciso ser realmente cego e surdo para não se aperceber que são todos os mesmos fantoches! — Ah, sim! Escuta-os, agora que necessitam ser eleitos! Eles são todos admiráveis, todos muito democratas; dão tapinhas em vossas barrigas, perguntam como vão vossas mulheres e vossos filhos, prometem-vos ferrovias, pontes, estradas bem conservadas, água potável, trabalho, o pão barato... todo o diabo e seu séquito! Depois de eleitos, todos rivalizam em pilantragem. Adeus às promessas. Vossas mulheres e vossos filhos podem morrer de fome; vossa região pode ser dizimada pelas epidemias e devastada pelos ciclones, pode faltar trabalho, a

MALATESTA

fome pode muito bem devorar-vos. — Os deputados têm outra coisa em mente bem diferente de vossas desgraças. Para remediar vossos males, não há nada melhor que os policiais! Depois, em alguns anos, recomeçam a farsa. Por enquanto, passada a festa, zomba-se do santo. E, sabes de uma coisa? O partido e a coloração política importam muito pouco: eles são todos — todos, entendes? — farinhas do mesmo saco. A única diferença que há entre eles, vou te dizer: uns, uma vez eleitos, dão-vos as costas e não querem mais reconhecer-vos, enquanto os outros continuam a acolher-vos a fim de conduzir-vos a seu bel-prazer, graças à sua verborragia... e se fazem pagar até mesmo banquetes.

LUÍS
Perfeitamente! Mas por que eleger ricos? Não sabes que os ricos vivem do trabalho alheio? Assim, como queres que eles ocupem-se a fazer o bem ao povo? Se o povo fosse livre, teria acabado a vida de prazeres e festas dessa gente. É verdade que, observando bem, se eles quisessem trabalhar, as coisas iriam melhor, para eles também; mas teimam em não compreendê-lo e não têm outro objetivo senão sugar todo o sangue do pobre.

CARLOS
Que bom! Começas a falar bem. Todavia, não há só ricos: também há aqueles que apóiam os interesses dos ricos e aqueles outros que desejam ser nomeados deputados para tornar-se ricos.

LUÍS
Pois bem, afastemo-nos de todos esses como da peste. Elejamos operários, amigos fiéis, e então teremos a certeza de não sermos enganados.

CARLOS

Eh! Eh! Já vimos um monte desses amigos "fiéis"... E, depois, és realmente engraçado: "Elejamos! ... Elejamos! ..." Como se tu e eu pudéssemos nomear quem nos apraz!

LUÍS

Eu e tu?... Não se trata apenas de nós dois. Certamente, nós dois apenas, não podemos fazer nada; mas, se cada um de nós se esforçasse para converter outros, e se esses fizessem o mesmo, obteríamos a maioria e poderíamos eleger quem nos agradasse. E se, o que fizéssemos aqui, outros o fizessem alhures, em pouco tempo teríamos a maioria no Parlamento, e então...

CARLOS

Então seria o Eldorado... para aqueles que estivessem no Parlamento, não é mesmo?

LUÍS

Mas...

CARLOS

Mas... Estás zombando de mim? Vais muito rápido! És por demais expeditivo. Já te imaginas possuir a maioria e arranjas as coisas a teu modo.

A maioria, meu caro, sempre a tiveram aqueles que comandam; sempre a tiveram os ricos. Imagina um pobre diabo camponês que tem sua mulher enferma e cinco filinhos a alimentar, — vai então persuadi-lo de que ele deve fazer-se despedir pelo patrão e ir morrer como um cão, na rua, ele e sua família, pelo prazer de dar seu voto a um candidato que não é do gosto de seu patrão. Vai, então, persuadir todos esses pobres diabos que o patrão pode matar de fome quando tiver vontade.

Fique certo de que o pobre nunca é livre — e, em todo o

MALATESTA

caso, se o fosse, não saberia em quem votar. E, se soubesse e pudesse, cuidaria de suas próprias ocupações, sem perder tempo votando: tomaria aquilo de que necessita... e boa-noite.

LUÍS

Oh, compreendo: a coisa não é fácil, é preciso trabalhar duro, fazer propaganda a fim de fazer com que o povo compreenda quais são os seus direitos e encorajá-lo a desprezar a cólera do patrão. É preciso agrupar-se e organizar-se para impedir o explorador de pisotear a liberdade de seus operários despedindo-os quando eles não partilham suas idéias.

CARLOS

E tudo isso a fim de conseguir votar em Pedro ou Paulo? Como és tolo! Mas sim, tudo o que aconselhas devemos fazê-lo, mas com outro objetivo: devemos fazê-lo a fim de convencer o povo de que todas as riquezas da terra foram-lhe roubadas; que ele tem o direito de apoderar-se delas, e que, quando quiser, terá a força para isso; e que ele deve apoderar-se, ele próprio, sem esperar a palavra de ordem de quem quer que seja.

LUÍS

Mas, enfim, onde queres chegar? Será sempre necessário alguém para dirigir o povo, para organizar as coisas, para cuidar da justiça, para garantir a segurança pública.

CARLOS

Claro que não!

LUÍS

E como queres fazer? O povo é tão ignorante!

EM PERÍODO ELEITORAL

CARLOS

Ah, sim, ignorante! Ele o é, com efeito, pois se não fosse, já teria lançado tudo isso pelos ares. Mas aposto que compreenderia rapidamente seus interesses se não o desviassem destes; e, se o deixassem agir a seu bel-prazer, ele arranjaria as coisas melhor que todos esses *bouffe-galette*[1] que, sob pretexto de governar-nos, esfomeiam-nos e tratam-nos como animais.

És muito engraçado com tuas tolices sobre a ignorância popular! Quando se trata de deixar ao povo a liberdade de fazer o que lhe apraz, dizeis que ele não compreende nada; enquanto que, quando se trata de fazer-lhe eleger deputados, então lhe reconhecem toda capacidade... e se ele elege um dos vossos, proclamam-no de uma sabedoria e de um saber admiráveis.

Não é cem vezes mais fácil administrar por si só seus interesses do que buscar uma terceira pessoa que seja apta a fazê-lo por vós? Não apenas, neste caso, é preciso saber como os interesses devem ser geridos a fim de escolher com todo o conhecimento de causa, mas ainda saber julgar a sinceridade, o talento e todas as qualidades daquele que solicita vossos sufrágios. Se os deputados tivessem a real intenção de defender vossos interesses, não deveriam perguntar-vos o que desejais e como o desejais? E como não é assim, por que conceder a um único o direito de agir segundo sua fantasia e trair-vos se isso lhe agrada?

LUÍS

Entretanto, como os homens não podem fazer tudo por si mesmos, é preciso que alguém se ocupe dos interesses públicos e faça política.

---

[1] *Bouffe-galette*: quem vive às custas do Estado.

CARLOS

Não sei o que entendes por *Política*. Se entendes a arte de enganar o povo e escorchá-lo fazendo-o gritar o mínimo possível, estejas certo de que nós a dispensamos de bom grado. Se entendes por *Política* o interesse geral e a maneira de caminharmos todos de acordo para o bem-estar de cada um — então, é algo que todos deveríamos conhecer, do mesmo modo que todos nós, por exemplo, sabemos beber e comer e também nos divertir sem incomodar nossos semelhantes e sem nos deixar incomodar por eles. Que diabo! Seria engraçado se, para assoar-se, fosse necessário recorrer a um especialista... e conceder-lhe o direito de nos torcer o nariz se não nos assoássemos à sua maneira.

Por sinal, é bem compreensível que os sapateiros façam sapatos e os pedreiros construam casas. Ninguém, contudo, pensou em dar aos sapateiros e aos pedreiros o privilégio de nos comandar e esfomear...

Todavia, retornemos ao tema.

O que fizeram em favor do povo esses homens que querem ingressar no Parlamento e nas municipalidades para fazer o bem geral? Em que os socialistas mostraram-se melhores que os outros? Eu já te disse: todos são do mesmo calibre!

LUÍS

Tu também atacas os socialistas? Mas o que queres que eles façam? Eles não podem absolutamente nada! São muito poucos. No que concerne às poucas municipalidades onde têm a maioria, são de tal modo pressionados pelas leis e pela influência da burguesia que têm as mãos completamente atadas.

EM PERÍODO ELEITORAL

CARLOS

E por que se candidatam, se é assim? Por que permanecem ali, se nada podem fazer? Só há um motivo: é que eles podem fazer suas negociatas!

LUÍS

Diz-me uma coisa... és anarquista?

CARLOS

O que importa o que eu sou? Escuta o que te digo, e se meu raciocínio te parece bom, tira proveito dele... Caso contrário, combate-me e procura persuadir-me. Sim, sou anarquista... e então?

LUÍS

Não perguntei por mal. Tenho, inclusive, prazer em conversar contigo. Sou socialista, não anarquista, porque vossas idéias parecem-me demasiado avançadas. Entretanto, acho que tendes razão em muitos pontos. Se eu soubesse que és anarquista, eu não teria dito que se poderá obter melhorias graças às eleições e ao Parlamento, porque eu também sei que enquanto houver pobres, serão sempre os ricos que farão as leis, e que as farão sempre em seu proveito.

CARLOS

Mas, então, és de uma insigne má-fé? Caramba! Conheces a verdade e pregas a mentira?... Enquanto não me sabias anarquista, insistias que, elegendo bons vereadores e deputados, poderíamos transportar o paraíso para a terra; agora que sabes o que sou e que compreendes que não engulo essas tolices, confessas que pelo Parlamento nada se pode obter. Por que então vir encher nossas cabeças com esses convites para votar? Pagam-vos para enganar a pobre gente? Como não é a primeira vez que eu te vejo, sei que és um autêntico operário, daqueles que vivem unicamente de seu trabalho. Por que

MALATESTA

então desviar os camaradas para fazer o jogo de alguns rene- | 95
gados que, com a desculpa do socialismo, desejam passar-se
por senhores e governar-nos?

LUÍS

Não, não, meu amigo! Não me julga mal! Se instigo o
povo a ir votar, é no interesse da propaganda. Não compreendes a vantagem para nós de termos alguns dos nossos no
Parlamento? Eles podem fazer propaganda melhor que um
outro pois viajam gratuitamente e não são muito incomoda-
dos pela polícia; em seguida, quando falam do socialismo no
Parlamento, todo mundo presta atenção e discute-se sobre o
tema. Isso não é propaganda? Não é ganho?

CARLOS

Ah! E é para fazer propaganda que vos transformais em
intermediários eleitorais? Bela propaganda essa! Vejamos:
ides insistindo com o povo para que ele tudo espere do Parlamento, dizes-lhe que a revolução é inútil, que o trabalhador
não tem outra coisa a fazer senão jogar um pedaço de papel
em uma urna e, em seguida, esperar, de boca aberta, que o
maná caia-lhe do céu. Isso não é, ao contrário, propaganda às
avessas.

LUÍS

Tens razão; mas o que queres fazer? Se não agíssemos
assim ninguém votaria. Qual seria o meio de convencer os
trabalhadores a votar, após ter-lhes afirmado que eles nada
devem esperar do Parlamento e que os deputados não servem
para nada? Diriam que zombamos deles?

CARLOS

Bem sei que é preciso operar dessa maneira para convencer o povo a votar e a eleger deputados. E isso nem mesmo
é suficiente! É ainda indispensável fazer um monte de pro-

EM PERÍODO ELEITORAL

messas que se sabe de antemão não poder cumprir; também é preciso cortejar os ricos, mostrar-se ao governo, em resumo, misturar água e óleo e não dar a mínima para ninguém. Em caso contrário, não se elege... E por que me vens, então, encher meus ouvidos de propaganda, se a primeira coisa a ser feita, e que não deixas de fazer, é ir contra a propaganda?

LUÍS

Não direi que estás errado; no entanto, deve-se convir que é sempre uma vantagem que alguém dos nossos tenha voz no Parlamento.

CARLOS

Uma vantagem?... Para ele, não digo que não seja verdade, e também para alguns de seus amigos. Todavia, para a massa do povo, realmente não. Vai contar isso aos perus e aos gansos. Se ao menos não se tivesse tentado, vá lá!... Mas já faz algum tempo que os ingênuos enviam socialistas ao Parlamento. E o que se obteve? Os deputados acomodam-se e corrompem-se logo após o ingresso na Câmara. Desde que Tolain e Nadaud viraram casaca, outros os seguiram: Basly não é o único renegado... Vimos socialistas tornarem-se simples radicais, e inclusive oportunistas; misturaram-se à canalha republicana!... Se me refiro a canalhas, não te enganes, viso apenas aos chefes. Quanto aos operários que se limitam a ser apenas republicanos, são pobres coitados que pensam andar no bom caminho e não percebem que são enganados e mistificados pior do que pelo vigário. Para voltar ao que dizíamos há pouco, o único resultado que obtivemos é que os deputados socialistas que, antes de se elegerem, eram perseguidos como malfeitores porque falavam de revolução, são hoje apreciados e estimados pelos ricos e apertam as mãos dos prefeitos e dos ministros. E, inclusive, se ocorrer de serem condenados, o que só acontece por questões burguesas não tendo nada a ver com

MALATESTA

a causa operária, mesmo assim, calçam luvas para processá--los e quase lhes pedem desculpas. Isso acontece porque os dirigentes sabem que estão em companhia de cães tão servis como eles: hoje é a vez de uns, amanhã será a vez dos outros... e, em fim de contas, todos acabam se entendendo para roer o osso popular! Observa um pouco se esses bons senhores ainda têm vontade de quebrar a cara pela revolução!

LUÍS

És demasiado severo! Sim, sabemo-lo, os homens são homens e é preciso suportar suas fraquezas. De resto, o que isso pode significar senão que, até o presente, aqueles que elegemos não souberam cumprir seu dever ou não tiveram coragem para isso? Quem nos obriga a eleger sempre os mesmos? Escolhamos outros melhores!

CARLOS

Sim! Desse modo o Partido socialista vai se tornar uma fábrica de canalhas. Já não fizemos desabrochar bastantes traidores? É, pois, indispensável engendrar outros mais? Sim ou não, queres enfim compreender que aqueles que vão ao moinho sujam-se de farinha? Do mesmo modo, aqueles que se põem a freqüentar os ricos tomam gosto pela boa vida, sem trabalhar. E presta atenção nisso: se houvesse alguém que se sentisse forçado a resistir à corrupção, esse não desejaria ir ao Parlamento, por que, amando sua causa, não gostaria de começar indo contra a propaganda na esperança de se tornar útil em seguida.

Vou dizer-te uma coisa: se um homem afirma-se socialista, se despende seu tempo e suas forças, tendo dinheiro ele o gasta, arrisca-se às perseguições e expõe-se a ir para a prisão ou se fazer matar, creio em sua convicção. Todavia, aqueles que fazem do socialismo uma profissão, com a esperança de nele ocupar cargos, que habitualmente agem para conquistar

EM PERÍODO ELEITORAL

a popularidade e põem-se ao abrigo dos perigos acendendo uma vela a Deus e outra ao diabo, esses não me inspiram a mínima confiança: comparo-os aos vigários que pregam por sua santa lojinha.

LUÍS

Caramba, estás passando dos limites. Sabes muito bem que entre esses que insultas, alguns trabalharam e sofreram pela causa, e mostraram seu valor...

CARLOS

Não me irrita com "seu valor". Não sabes que todas as putas quando começaram eram virgens? O próprio Crispi foi um revolucionário em seu tempo, sofreu e expôs-se. Em razão disso gostarias de respeitá-lo, agora que se tornou um celerado de primeira ordem?

Esses dos quais me falas não demoraram muito a pisotear e desonrar seu passado; e, se quiseres, é justamente em nome de seu passado que eles renegaram que nós podemos repudiá-los.

LUÍS

Enfim, não sei o que dizer. Estou propenso a admitir que tens razão no que concerne à Câmara dos deputados; mas convirás que em relação à municipalidade a questão é outra. Lá é mais fácil obter a maioria e trabalhar pelo bem-estar do povo.

CARLOS

Mas tu mesmo reconheceste que os vereadores têm as mãos atadas e que, tanto na Câmara como na prefeitura, são sempre os ricos que fazem e acontecem. De resto, já tivemos bastantes provas disso. Por exemplo, na cidade vizinha, em *Ville des gobeurs*, os socialistas são os senhores da municipalidade; pois bem, sabes o que fizeram? Eles haviam prometido suprimir os impostos de barreira; em vez disso, creio que vão

MALATESTA

chegar ao ponto de vasculhar as mochilas dos garotos que, do outro lado da barreira, são obrigados a atravessá-la para ir à escola na cidade. E como o povo, por mais ingênuo que seja, percebe que lhe fazem engolir serpentes, quando elas são muito grandes, e murmura, os senhores socialistas queixam-se em seus jornais desses "eternos descontentes", — a ponto de crer que eles se tornaram procuradores da república. Enquanto isso, esses senhores que, quando tomaram o poder, tinham o traseiro à mostra, estão agora muito bem situados; ocuparam altos cargos e também instalaram seus parentes de modo a viver sem trabalhar... é o que chamam fazer a felicidade do povo.

LUÍS

Tudo isso é calúnia!

CARLOS

Admitamos que haja um pouco de calúnia em minhas informações: há, contudo coisas que vi com meus próprios olhos. Em todo caso, repetem-no e isso basta para causar danos ao partido socialista. O socialismo, que deveria ser a esperança e o consolo do povo, torna-se o objeto de suas maldições, assim que ele chega ao poder. Dirás ainda que isso é propaganda?

LUÍS

Mas, enfim, se não estais contentes com os que estão no poder, substituí-os por outros; é sempre culpa dos eleitores... eles têm autonomia para escolher quem lhes apraz.

CARLOS

Voltas à questão! A quem falo, à parede ou a ti? Sim, a culpa é dos eleitores e daqueles que não o são... porque deveriam tomar de assalto as prefeituras, o Parlamento e fazer fugir pelas janelas os eleitos que os ocupam.

Em vez disso, os eleitores continuam a confiar neles. Mas

EM PERÍODO ELEITORAL

tu que sabes que esses eleitos (supondo que eles não sejam ou não se tornem canalhas), nada podem fazer pelo povo — salvo lançar-lhes pó nos olhos, para a maior tranqüilidade dos ricos —; deverias fazer todos os esforços para destruir essa estúpida confiança no voto.

As causas primordiais da miséria e de todos os males sociais são: primeiro, a propriedade individual (que põe o homem na impossibilidade de trabalhar se ele não se submete às condições que lhe impõem os detentores da terra e dos instrumentos de trabalho; segundo, os governos que protegem os exploradores e eles mesmos exploram por sua própria conta.

Os ricos não permitirão que se atente contra essas duas instituições fundamentais, sem defendê-las encarniçadamente. Eles nunca hesitaram em enganar e mistificar o povo, e, quando isso não basta, recorrem às galés, ao cadafalso e às metralhadas.

Para fazer algo de útil ao povo é necessário algo bem diferente das eleições!

É preciso fazer a revolução, e uma revolução terrível que destrua até a lembrança das infâmias atuais. Tudo deve se tornar comum a todos, a fim de que todos tenham pão, moradia e roupa assegurados. É preciso que os camponeses expulsem os proprietários e cultivem a terra em seu proveito e em proveito de todos; do mesmo modo, é necessário que os operários eliminem os patrões e organizem a produção para benefício de todo mundo; e depois, faz-se necessário nunca mais se pôr governo nas costas, não confiar a ninguém uma parcela de autoridade e cuidar nós mesmos de nossos interesses. Em primeiro lugar, a cooperação se fará em cada comuna entre os camaradas de mesmo ofício e também entre todos aqueles que têm relações e interesses mais imediatos. As comunas entender-se-ão com as comunas; os estados com os estados; os trabalhadores de um mesmo ofício e de diferentes localidades entrarão em relações e assim se chegará ao bom acordo geral — e certamente se al-

MALATESTA

cançará esse objetivo porque o interesse de todos dependerá | **101**
disso. Então, não nos veremos mais como cães e gatos, e veremos o fim das guerras e da concorrência; as máquinas não mais funcionarão para o benefício dos patrões, deixando sem trabalho e sem pão grande quantidade dos nossos, mas elas aliviarão o trabalho, o tornarão mais agradável e mais produtivo, e isso em proveito de todos. As terras não serão deixadas incultas, assim como não serão deixadas também as terras cultivadas que não produzem nem mesmo a décima parte do que poderiam fornecer; ao contrário, todos os meios conhecidos serão empregados para aumentar e melhorar os produtos da terra e da indústria, a fim de que os homens possam cada vez mais amplamente satisfazer todas as suas necessidades.

LUÍS

Tudo isso é bonito, mas o difícil é realizá-lo. Eu também acho extraordinário vosso ideal, o problema é: como chegar a colocá-lo em prática? Partilho a opinião de que a revolução é a única salvação; de nada adiantará emendar e remendar, será necessário fatalmente acabar por fazê-la. Mas como, no momento, não podemos realizá-la, nós nos contentamos com o possível, e, por falta de melhor, servimo-nos da agitação eleitoral. Ganhamos sempre com isso: e é sempre propaganda realizada.

CARLOS

Como? Ainda ousas considerar isso propaganda? Não viste em que estranha propaganda resultou vossas eleições? Deixastes de lado o programa socialista e vos juntastes a todos os charlatães democratas que só fazem todo esse barulho para chegar ao poder. Semeastes a cizânia e provocastes querelas intestinas nos meios socialistas. Mudastes a propaganda dos princípios em propaganda em favor de um ou de outro. Não falais mais de revolução ou, se ainda conversais sobre isso, não

EM PERÍODO ELEITORAL

pensais mais em fazê-la; é muito natural pois o caminho que conduz ao Palais Bourbon não é aquele que leva às barricadas. Corrompestes muitos camaradas que, sem a tentação dos vinte e cinco francos talvez tivessem permanecido honestos. Criastes ilusões que, enquanto durarem, farão com que se perca de vista a revolução, e que, ao esvanecer-se, deixarão os trabalhadores desencorajados, desencantados e sem confiança no futuro. Desacreditastes o socialismo em relação às massas que começam a considerar-vos como um partido de governo — e suspeitam de vós e vos desprezam! É o destino que reserva o povo a todos aqueles que estão no poder ou querem obtê-lo.

LUÍS

Mas, enfim, o que queres que façamos? O que fazeis? Por que, em vez de combater-nos, não fazeis melhor que nós?

CARLOS

Eu não te disse que fizemos e que fazemos tudo o que o que poderíamos e deveríamos fazer. Todavia, tendes uma grande parte de responsabilidade em nossa estagnação, pois vossa deserção e vossas mistificações há muito tempo paralisaram nossa ação e nos obrigastes a empregar esforços preciosos para combater vossas tendências que, se vos tivéssemos deixado o campo livre, só teria restado do socialismo a etiqueta. Entretanto, esperamos que tenha chegado ao fim. De um lado, aprendemos muitas coisas e estamos em situação de tirar proveito da experiência e não recair nos erros do passado. Por outro lado, entre vós próprios, os convictos começam a enojar-se com vossas eleições. A experiência dura há tantos anos e vossos eleitos mostraram-se tão incapazes, para não dizer outra coisa, que agora todos aqueles que amam realmente a causa, e que têm o temperamento revolucionário, abrem os olhos.

MALATESTA

LUÍS

Pois bem, fazei então a revolução! E, estejas certo de que, quando erguerdes as barricadas, estaremos ao vosso lado. Pensas que somos covardes?

CARLOS

Sim, é uma teoria cômoda, não é? "Fazei a revolução e quando ela estiver em marcha, nós viremos...". Mas, se sois revolucionários, por que não trabalhais também para preparála?

LUÍS

Escuta: no que me concerne, asseguro-te que se eu visse um meio prático para ser útil à revolução, enviaria imediatamente ao diabo eleições e candidatos, porquanto, para falar a verdade, eu também começo a perder a paciência; confesso-te que o que me disseste hoje me impressionou muito. Realmente, não posso dizer que estás errado.

CARLOS

Não sabes o que podemos fazer? Estás vendo? Eu estava errado ao dizer-te que o hábito da luta eleitoral faz perder inclusive a intuição da propaganda revolucionária? Basta saber o que se quer e desejá-lo energicamente para encontrar mil coisas para fazer. Antes de tudo, é preciso disseminar as idéias socialistas e, em vez de contar mentiras e dar falsas esperanças aos eleitores e àqueles que não o são, estimulemos neles o espírito de revolta e o desprezo pelo parlamentarismo. Ajamos de maneira a afastar os trabalhadores das urnas eleitorais de modo que os ricos e os governantes sejam reduzidos a fazer as eleições entre eles, em meio à indiferença e ao desprezo do público; e, quando chegarmos a esse ponto, quando a fé na cédula do voto tiver esvanecido, a necessidade de fazer a revolução impor-se-á a todos, e a vontade de fazê-la nascerá rapidamente. Penetremos nos grupos e nas reuniões eleito-

EM PERÍODO ELEITORAL

rais, mas para desvelar as mentiras dos candidatos e para expor, sem trégua nem descanso, os princípios socialistas, isto é, a necessidade de destruir o Estado e expropriar os capitalistas. Entremos em todas as associações operárias, criemos novos grupos, e sempre para fazer propaganda e explicar a todos como devem agir para emancipar-se. Cooperativas, agrupamentos operários, congressos corporativos e outros ajuntamentos de trabalhadores, tudo isso é bom terreno para semear os germes de propaganda, desde que, naturalmente, uma vez que se esteja nesses grupos, não se perca de vista o objetivo pelo qual se ingressou nele. Tomemos parte ativa nas greves, provoquemo-las, e tenhamos sempre o objetivo de escavar mais fundo o abismo entre os assalariados e os patrões e levar as coisas o mais à frente possível. Façamos com que aqueles que morrem de fome e frio compreendam que seus sofrimentos são incompreensíveis ante lojas repletas de mercadorias que lhes pertencem... Quando se produzirem revoltas espontâneas, como amiúde ocorrem, acudamos e tratemos de dar uma consciência ao movimento, exponhamo-nos ao perigo e permaneçamos com o povo. Uma vez no caminho prático, as idéias virão e as oportunidades se apresentarão. Organizemos, por exemplo, um movimento para não pagar aluguéis; façamos os camponeses compreenderem que eles devem armazenar toda a colheita, ajudemo-los se pudermos, e se os ricos e os policiais condenarem o ato, estejamos com os camponeses. Mostremos aos conscritos todo o horror do serviço militar e façamos com que os soldados vejam claramente que eles são apenas defensores dos capitalistas. Organizemos movimentos para *obrigar* as municipalidades a fazerem todas as coisas, grandes ou pequenas, que o povo deseje impacientemente, como por exemplo distribuir o pão, abolir as taxas de barreira etc. Permaneçamos sempre no meio da massa, tratemos de fazê-la compreender o que ela deve desejar e habituemo-la a arrancar as liberdades, pois elas nunca lhes serão concedi-

MALATESTA

das de bom grado. Enfim, que cada um faça todo o possível, segundo a situação que ocupa, tomando sempre como ponto de partida as necessidades imediatas do povo e sempre estimulando nele novas aspirações. E, no meio dessa atividade, aproximemo-nos dos temperamentos que, pouco a pouco, chegam a compreender e, em seguida, aceitar com ardor nossas idéias; com estes, cerremos fileiras, entendamo-nos e preparemos assim os elementos para uma ação decisiva e geral.

LUÍS

Pois bem, isso me agrada! Ao diabo as eleições e mãos à obra. Dá-me a mão e viva a anarquia e a revolução social!

CARLOS

Bravo e avante!

COLEÇÃO HEDRA

1. *Iracema*, Alencar
2. *Don Juan*, Molière
3. *Contos indianos*, Mallarmé
4. *Auto da barca do Inferno*, Gil Vicente
5. *Poemas completos de Alberto Caeiro*, Pessoa
6. *Triunfos*, Petrarca
7. *A cidade e as serras*, Eça
8. *O retrato de Dorian Gray*, Wilde
9. *A história trágica do Doutor Fausto*, Marlowe
10. *Os sofrimentos do jovem Werther*, Goethe
11. *Dos novos sistemas na arte*, Maliévitch
12. *Mensagem*, Pessoa
13. *Metamorfoses*, Ovídio
14. *Micromegas e outros contos*, Voltaire
15. *O sobrinho de Rameau*, Diderot
16. *Carta sobre a tolerância*, Locke
17. *Discursos ímpios*, Sade
18. *O príncipe*, Maquiavel
19. *Dao De Jing*, Lao Zi
20. *O fim do ciúme e outros contos*, Proust
21. *Pequenos poemas em prosa*, Baudelaire
22. *Fé e saber*, Hegel
23. *Joana d'Arc*, Michelet
24. *Livro dos mandamentos: 248 preceitos positivos*, Maimônides
25. *O indivíduo, a sociedade e o Estado, e outros ensaios*, Emma Goldman
26. *Eu acuso!*, Zola | *O processo do capitão Dreyfus*, Rui Barbosa
27. *Apologia de Galileu*, Campanella
28. *Sobre verdade e mentira*, Nietzsche
29. *O princípio anarquista e outros ensaios*, Kropotkin
30. *Os sovietes traídos pelos bolcheviques*, Rocker
31. *Poemas*, Byron
32. *Sonetos*, Shakespeare
33. *A vida é sonho*, Calderón
34. *Escritos revolucionários*, Malatesta
35. *Sagas*, Strindberg
36. *O mundo ou tratado da luz*, Descartes
37. *O Ateneu*, Raul Pompeia
38. *Fábula de Polifemo e Galateia e outros poemas*, Góngora
39. *A vênus das peles*, Sacher-Masoch
40. *Escritos sobre arte*, Baudelaire
41. *Cântico dos cânticos*, [Salomão]
42. *Americanismo e fordismo*, Gramsci
43. *O princípio do Estado e outros ensaios*, Bakunin
44. *O gato preto e outros contos*, Poe
45. *História da província Santa Cruz*, Gandavo
46. *Balada dos enforcados e outros poemas*, Villon
47. *Sátiras, fábulas, aforismos e profecias*, Da Vinci
48. *O cego e outros contos*, D.H. Lawrence

49. *Rashômon e outros contos*, Akutagawa
50. *História da anarquia (vol. 1)*, Max Nettlau
51. *Imitação de Cristo*, Tomás de Kempis
52. *O casamento do Céu e do Inferno*, Blake
53. *Cartas a favor da escravidão*, Alencar
54. *Utopia Brasil*, Darcy Ribeiro
55. *Flossie, a Vênus de quinze anos*, [Swinburne]
56. *Teleny, ou o reverso da medalha*, [Wilde et al.]
57. *A filosofia na era trágica dos gregos*, Nietzsche
58. *No coração das trevas*, Conrad
59. *Viagem sentimental*, Sterne
60. *Arcana Cœlestia* e *Apocalipsis revelata*, Swedenborg
61. *Saga dos Volsungos*, Anônimo do séc. XIII
62. *Um anarquista e outros contos*, Conrad
63. *A monadologia e outros textos*, Leibniz
64. *Cultura estética e liberdade*, Schiller
65. *A pele do lobo e outras peças*, Artur Azevedo
66. *Poesia basca: das origens à Guerra Civil*
67. *Poesia catalã: das origens à Guerra Civil*
68. *Poesia espanhola: das origens à Guerra Civil*
69. *Poesia galega: das origens à Guerra Civil*
70. *O chamado de Cthulhu e outros contos*, H.P. Lovecraft
71. *O pequeno Zacarias, chamado Cinábrio*, E.T.A. Hoffmann
72. *Tratados da terra e gente do Brasil*, Fernão Cardim
73. *Entre camponeses*, Malatesta
74. *O Rabi de Bacherach*, Heine
75. *Bom Crioulo*, Adolfo Caminha
76. *Um gato indiscreto e outros contos*, Saki
77. *Viagem em volta do meu quarto*, Xavier de Maistre
78. *Hawthorne e seus musgos*, Melville
79. *A metamorfose*, Kafka
80. *Ode ao Vento Oeste e outros poemas*, Shelley
81. *Oração aos moços*, Rui Barbosa
82. *Feitiço de amor e outros contos*, Ludwig Tieck
83. *O corno de si próprio e outros contos*, Sade
84. *Investigação sobre o entendimento humano*, Hume
85. *Sobre os sonhos e outros diálogos*, Borges | Osvaldo Ferrari
86. *Sobre a filosofia e outros diálogos*, Borges | Osvaldo Ferrari
87. *Sobre a amizade e outros diálogos*, Borges | Osvaldo Ferrari
88. *A voz dos botequins e outros poemas*, Verlaine
89. *Gente de Hemsö*, Strindberg
90. *Senhorita Júlia e outras peças*, Strindberg
91. *Correspondência*, Goethe | Schiller
92. *Índice das coisas mais notáveis*, Vieira
93. *Tratado descritivo do Brasil em 1587*, Gabriel Soares de Sousa
94. *Poemas da cabana montanhesa*, Saigyō
95. *Autobiografia de uma pulga*, [Stanislas de Rhodes]
96. *A volta do parafuso*, Henry James
97. *Ode sobre a melancolia e outros poemas*, Keats
98. *Teatro de êxtase*, Pessoa
99. *Carmilla — A vampira de Karnstein*, Sheridan Le Fanu

100. *Pensamento político de Maquiavel*, Fichte
101. *Inferno*, Strindberg
102. *Contos clássicos de vampiro*, Byron, Stoker e outros
103. *O primeiro Hamlet*, Shakespeare
104. *Noites egípcias e outros contos*, Púchkin
105. *A carteira de meu tio*, Macedo
106. *O desertor*, Silva Alvarenga
107. *Jerusalém*, Blake
108. *As bacantes*, Eurípides
109. *Emília Galotti*, Lessing
110. *Contos húngaros*, Kosztolányi, Karinthy, Csáth e Krúdy
111. *A sombra de Innsmouth*, H.P. Lovecraft
112. *Viagem aos Estados Unidos*, Tocqueville
113. *Émile e Sophie ou os solitários*, Rousseau
114. *Manifesto comunista*, Marx e Engels
115. *A fábrica de robôs*, Karel Tchápek
116. *Sobre a filosofia e seu método — Parerga e paralipomena (v. II, t. I)*, Schopenhauer
117. *O novo Epicuro: as delícias do sexo*, Edward Sellon
118. *Revolução e liberdade: cartas de 1845 a 1875*, Bakunin
119. *Sobre a liberdade*, Mill
120. *A velha Izerguil e outros contos*, Górki
121. *Pequeno-burgueses*, Górki
122. *Um sussurro nas trevas*, H.P. Lovecraft
123. *Primeiro livro dos Amores*, Ovídio
124. *Educação e sociologia*, Durkheim
125. *Elixir do pajé — poemas de humor, sátira e escatologia*, Bernardo Guimarães
126. *A nostálgica e outros contos*, Papadiamántis
127. *Lisístrata*, Aristófanes
128. *A cruzada das crianças / Vidas imaginárias*, Marcel Schwob
129. *O livro de Monelle*, Marcel Schwob
130. *A última folha e outros contos*, O. Henry
131. *Romanceiro cigano*, Lorca
132. *Sobre o riso e a loucura*, [Hipócrates]
133. *Hino a Afrodite e outros poemas*, Safo de Lesbos
134. *Anarquia pela educação*, Élisée Reclus
135. *Ernestine ou o nascimento do amor*, Stendhal
136. *A cor que caiu do espaço*, H.P. Lovecraft
137. *Odisseia*, Homero
138. *O estranho caso do Dr. Jekyll e Mr. Hyde*, Stevenson
139. *História da anarquia (vol. 2)*, Max Nettlau
140. *Eu*, Augusto dos Anjos
141. *Farsa de Inês Pereira*, Gil Vicente
142. *Sobre a ética — Parerga e paralipomena (v. II, t. II)*, Schopenhauer
143. *Contos de amor, de loucura e de morte*, Horacio Quiroga
144. *Memórias do subsolo*, Dostoiévski
145. *A arte da guerra*, Maquiavel
146. *O cortiço*, Aluísio Azevedo
147. *Elogio da loucura*, Erasmo de Rotterdam

148. *Oliver Twist*, Dickens
149. *O ladrão honesto e outros contos*, Dostoiévski
150. *Diários de Adão e Eva e outros escritos satíricos*, Mark Twain
151. *Cadernos: Esperança do mundo*, Albert Camus
152. *Cadernos: A desmedida na medida*, Albert Camus
153. *Cadernos: A guerra começou...*, Albert Camus
154. *Escritos sobre literatura*, Sigmund Freud
155. *O destino do erudito*, Fichte

Edição _ Jorge Sallum

Coedição _ Bruno Costa e Iuri Pereira

Capa e projeto gráfico _ Júlio Dui e Renan Costa Lima

Imagem de capa _ Foto anônima. Fonte:
Ministerio de Cultura de
España, Archivo Rojo,
documento fotográfico da
"Junta de Defensa de Madrid"
durante a Guerra Civil
Espanhola (1936-1939).

Programação em LaTeX _ Marcelo Freitas

Revisão _ Luis Dolhnikoff

Assistência editorial _ Bruno Domingos e Thiago Lins

Colofão _ Adverte-se aos curiosos que se
imprimiu esta obra em nossas
oficinas em 16 de novembro de
2015, em papel off-set 90 g/m²,
composta em tipologia Minion
Pro, em GNU/Linux (Gentoo,
Sabayon e Ubuntu), com os
softwares livres LaTeX, DeTeX,
VIM, Evince, Pdftk, Aspell, SVN
e TRAC.